_______________________________ 님께

인연에는 때와의 인연도 있습니다.
이 책이 당신의 운명을 바꿀
소중한 기회가 되어,
나만의 기회를 만나시길 기원합니다.

_______________________________ 드림

더 이상 심장이 얼어 붙게 만드는 감성이 없을 만큼, 강력한 자기 진지를 구축하게 만드는 자기계발서이다. 설렁설렁 네 맛도 없고 내 맛도 없는 맹탕 설렁탕 언저리쯤 되는 삶에, 이 책은 은박지에 철필로 꼭꼭 눌러쓴 것처럼 다가온다. 숱한 자기계발서를 읽어 보았지만, 이처럼 뇌주름을 호강시키는 내용들로 꽉 차 있는 책도 드문 것 같다. 이 책을 읽게 되면, 아날로그적 깊이를 스마트한 앱으로 다운받아 즐기는 것 같은 느낌이 들 것이라 확신한다.

– 원종수, SNS 컬럼니스트

젊은 청춘들이 기성세대로부터 시대 변화와 상관없이 일정한 행복 실현의 기본적 요소를 배우고, 동시에 사회의 다양한 분야에서 자신의 목표를 성취할 뿐만 아니라, 우리 사회를 아름답게 만드는 것에 삶의 가치를 두는 것이 새로운 시대의 진정한 성공이 아닐까 한다. 저자는 삶의 의미를 '기회'라는 가치로 표현하여, 사회 현실을 헤쳐나가는 길잡이로 이 책을 출간했다고 생각한다.

– 양장원, 흥국증권 대표

21세기는 인류문명의 패러다임이 이제껏 경험하지 못한 속도로 급변하는 세기가 될 것이다. 그래서 인문사회와 과학기술 분야를 아우르는 창의융합이야말로 앞으로 필수 생존 전략이 될 것임에 분명하다. 창의융합의 원리를 탐구하여 그것의 사회적 실현을 추구하는 저자의 노력이 빛나는 성과로 이어지기를 기대한다. 아울러 저자의 삶 속에서 퍼올린 이야기들이 젊은 세대에게 거센 시류의 파도를 넘게 하는 등대 역할을 할 수 있는 깨달음을 주리라 믿는다.

– 정락용, 고려대학교 정경대 교우회 부회장, ㈜ATS 여행사 대표

모든 학생은 인문주의적 교양을 갖춰야 한다고 역설한 훔볼트 대학교 초대 총장 피히테처럼, 저자도 인문학적 능력을 갖추고, 세상에서 훌륭한 인간관계를 만들어 가면 인생의 기회가 온다고 역설하고 있다. 1명의 고객에서 시작하여 지금 수천 명의 고객을 모시게 된 과정은 낯선 사람과 만나 인간관계를 만들라는 저자의 말이 실현된 사례라고도 볼 수 있어, 감동이 남다를 수밖에 없었다. 독자들도 또 다른 감동을 느낄 것이라 감히 생각한다.

— **주점숙**, 헤리티지앤지(Heritage&G) 대표

흔히들 이야기한다. 인생의 기회는 세 번 있다고. 인생의 기회를 놓치지 않고, 기회를 잡는 방법은 통찰력을 기르는 일이다. 나에게 인생의 기회는 언제 올 것인가? 어느덧 인생 후반에 접어든 삶을 반추해 보면서 이 책의 메시지와 오버랩되는 평범한 삶의 진리를 다시금 일깨우게 된다. 그것은 '인생 최고의 기회는 아무리 힘들더라도 포기하지 않고 목표를 향해 꾸준히 노력하는 자의 몫이다.'라는 것이다.

— **이병윤**, (사) 감돌역사문화연구회 이사장

당신은 성공과 행복을 바라는가? 그러면서도 자신에게는 그런 기회가 없다고 자책하고 있는 것은 아닌가? 그런데 여기, 기회를 찾아 성공과 행복을 실현하는 방법을 제시한 책이 나왔다. 이 책은 기회를 찾아 그것들을 실현하는 방법으로, '끊임없이 도전하여 인연을 만들고, 창의성을 개발하며, 분노를 다스리고 늦추면서 행동하라'는 전략을 제시하고 있어 청춘들에게 사회생활의 훌륭한 지침서가 되리라 믿어 의심치 않는다.

— **백원기**, 인천대 법대 교수

이제
인생의 기회에
눈떠라

| 당신이 겪게 될 사회생활의 진짜 이야기 |

유재완 지음

북아이콘

인생은 필요조건으로 사는 것

인생은 충분조건으로 사는 것이 아니에요. 인생은 필요조건으로 살아가는 거예요. 우리네 인생은 노력하더라도 성공하기가 쉽지 않은, 필요조건에 놓여진 삶이에요.

그렇지만 노력하면 기회는 100% 와요. 삶을 살아가기 위한 기회는 반드시 오게 되어 있어요. 성경에서도 그렇게 말하고 있잖아요? '찾으라 구해질 것이요, 두드려라 열릴 것이다.' 기회만큼은 노력하면 반드시 만들 수 있어요. 기회만큼은 충분조건으로 할 수 있어요. 그래서 무엇이 기회인지, 기회에 눈을 떠야 해요. 우리네 인생을 필요조건에서 충분조건으로 바꾸기 위해, 기회 창출을 삶의 1차적인 목표로 삼아야 해요.

인연에는 사람과의 인연도 있지만, 때와의 인연도 있어요. 진정성을 갖고 소통하면 때와의 인연이 무르익어 그 때가 펼쳐질 순간이 다가올 거예요. 기회는 두 눈을 부릅뜨고 세상의 물줄기를 바라볼 때 오는 것이에요.

그러나 기회를 '성공의 기회'로 착각하지 않았으면 해요. 삶을 살아가는 기회이지, 성공의 기회로 다가오는 경우는 그리 많지 않아요. 성공에 대한 강박증, 꿈의 실현에 대한 맹목성을 버려야 해요. 대신 기회를 만들어 가는 역동적인 삶에 대해 생각해 보세요.

기회를 만들 때 시간의 흐름을 생각해야 해요. 고개를 들고 곳곳이 허리를 펴서 멀리 시간 앞을 내다보거나, 그래도 안 보이면 펄쩍 뛰어올라 나의 시간 앞에 무엇이 있나 살펴볼 필요가 있어요. 왜냐하면 우리네 삶은 과정과 단계라는 시간의 흐름에서 이루어지는데, 우리는 하루하루를 그냥 반복하고 있거든요. 시간의 물줄기 흐름을 파악하고 삶의 전략과 목표를 세우게 된다면, 당신은 역동적으로 움직이는 사회현실 속에서 스스로 살아 움직일 수밖에 없어요.

『이제 인생의 기회에 눈떠라』는 사회에 진출하여 자신의 삶을 살아가는 청춘 세대에게 사회의 진면목을 보여주고자 하는 책이에요. 그래서 이 책은 사회 현실 보고서이며, 사회 속에서 자기 삶을 당당하게 살아가기 위해 필요한 전략적 지침서예요. 쉽지 않은 삶의 과정을 낙천적으로 건강하게 진지하면서도 경쾌하게 살아가고, 설움과 분노를 흔들흔들 흔들어 떨구어 내기 위한 책이에요. 인생을 살아본 다음에, '아 다음에는 이렇게 살아야겠어'라고 말할 수 없어요. 우리에게 삶은 단 한 번밖에 없으니까요. 그래서 삶의 현실을 진지하게 미리 보아둘 필요가 있는 거예요.

유재완

| 차 례 |

프롤로그 – 인생은 필요조건으로 사는 것 ··· 4

1장 인연 – '나'를 만드는 것은 '나'가 아니다

때를 만나는 것, 때를 만드는 것, 때를 기다리는 것 ··· 15

인간은 선택을 통해 자신의 운명과 마주친다 ··· 22

단 한 번의 실수도 하지마라 ··· 28

잘나갈 때 조심하라 ··· 33

사회 초년생활 10년이 평생을 좌우한다 ··· 38

마지막까지 뒷정리하는 조직 속의 중심 인간이 되라 ··· 43

업(業)의 확인이 필요하다 ··· 49

도덕적 인간 – 출세의 필수 조건 ··· 55

2장 도전 – 나아가야 할 곳은 '나'가 아니라 사회이다

한 길을 파고드는 자, 여러 길을 섭렵하는 자 ··· 61

'성격 개조'라는 말의 무서움 ··· 68

CONTENTS 

맨땅에 헤딩하기 ··· 73

거래를 100% 성사시키는 방법 ··· 83

일시적으로 돈 버는 것, 지속적으로 돈 버는 것 ··· 88

인생에서 종자돈을 모을 수 있는 단 한 번의 시기 ··· 94

비빌 언덕을 만들어라 – 신용테크와 자산테크 ··· 99

3장 창의 – '나'를 뜨게 하거나 평생 젊게 살게 하거나

영재 수준으로 '나'를 만드는 방법 – 몰입과 집착 ··· 109

전문가 수준으로 '나'를 끌어올리는 독서 방법 ··· 115

인문학적 능력이란 ··· 122

미국애들이 무서운 이유 – 광고와 마케팅과 심리학 ··· 128

이미지의 무서움을 아는가 ··· 133

성공 요소를 장악하는 힘 – 기획력 ··· 138

4장 분노 – '나' 안에 있는 파멸의 요소를 제어하라

성실함에 뒤통수 치는 사회 … 149

노력의 결과가 보장되지 않는 슬픔 … 153

피지 못한 꿈에 대한 설움 … 159

때로 나도 누군가에게 분노의 대상이 된다 … 165

분노 대신 아부가 필요하다 … 169

갑-을 관계에서 자신을 방어하는 방법 … 174

10만 원이 1억 원의 가치를 가질 때 … 183

가족에 대한 '나'의 약속을 마음속에 꼭꼭 심어두라 … 186

C O N T E N T S 

5장 늦춤 - 쓰러진 '나'를 다시 일으켜 세운다

1년의 노력과 4년의 노력이 보장한 것 - 그러면 10년의 노력이 보장할 것은 ··· 193

2~3년은 여유를 갖되, 4~5년을 넘기지 마라 ··· 200

50년 후의 사업계획서를 매년 작성하는 다국적 기업들 ··· 205

가끔은 자기 충족적 예언이 필요하다 ··· 212

천리를 볼 때, 만리를 볼 때 ··· 215

심연을 바라보는 고래의 눈 ··· 223

에필로그 - 가슴에 담아두고 마음에 새기고픈 말 ··· 228

인연

'나'를 만드는 것은 '나'가 아니다

자신감이 충만할 때는 '나'만 생각하고, '나'를 중심에 놓는다. 그래서 '나'를 중심에 놓는 전략은 청춘 세대가 갖는 특권이며 아름다움이다. 그러나 이런 특권과 아름다움을 내려놓고 세상을 온몸으로 받아들여야 자기실현이 가능하다. 왜냐하면 자기실현은 자기만족이 아니고, 사회 속에서 남과 함께 이루어 나가야 하기 때문이다. 세상에서 쌓아온 다른 사람과 인연의 공덕이 자기실현의 힘이 된다.

때를 만나는 것, **때**를 만드는 것, **때**를 기다리는 것

때를 만나는 것
– 우연한 행운과 실력의 결합

가수 김건모가 가요계에 입문하게 된 드라마틱한 이야기! 군악대를 제대한 후 자신의 고참이었던 사람이 기획사를 차리면 같이 일하기로 서로 간에 약속이 있었나 봐요. 그런데 그 기획사와 계약을 하기 전에 일이 벌어졌죠. 신승훈의 콘서트가 지방에서 열렸는데 오프닝 가수로 무대에 서게 된 거예요. 당시 신승훈은 톱가수였고 김건모는 아는 사람이 아무도 없었죠. ^^

운이 맞아야 일이 풀리는가 봐요. 마침 그 자리에 신승훈이 소속된 기획사의 사장이 와 있어서 김건모의 노래를 듣게 된 것이죠. 그날 밤으로 김건모의 서울 집으로 올라가 도장을 찍고 계약을 했다는 거예요. 그때부터 신승훈의 노래가 들어갈 쯤이면 김건모가 나와서 뜨고, 김건모 노래가 들어갈 쯤이면 신승훈의 노래가 떴었죠. 김건모의 2집 「핑계」에 이어 3집 「잘못된 만남」은 초대박이었어요. "~ 어느 날 너와 내가 심하게 다툰 그날 이후로 너와 내 친구는 연락도 없고 날 피하는 것 같아 그제서야 난 느낀 거야~." 연주음과 노래 가사가 지금도 귓가에 맴도는 국민가요였죠.

때를 만난다는 것은 우연적 행운으로 생각하기 쉬워요. 그렇지만 그냥 행운이 아니에요. 그런 상황에 자신의 실력이 드러나서 사람들로부터 인정을 받아야 해요. 그래서 때를 만난다는 것은 우연적 행운에 자신의 실력이 결합되는 것이라고 볼 수 있어요. 평소에 꾸준히 노력하여 실력을 갈고 닦을 때 이런 우연적인 상황에서 반전의 계기가 마련되는 것이죠. "좀 기다려. 준비가 덜 됐어."라고 한다면 누구도 기회를 주지 않죠. 우리 사회는 준비가 덜 된 사람을 기다려주지 않아요.

그런데 어떤 상황이, 때를 만난 것인지 아닌지 알아차리기 어려운 경우도 많아요. 제가 아는 어떤 분이 강남의 저층 아파트에 살고 있었어요. 2000년대 초반에 아파트 가격이 조금 오르자 팔아버렸는데 글쎄 2~3년 후에 아파트 가격이 폭등하는 거예요. 아파트 이야기만 나오면 씁쓸한 표정을 짓는 그 분 모습이 잊혀지지 않아요.

그래서 갑자기 찾아오는 어떤 상황이 자신에게 기회를 제공하는 것인지 아닌지 두루 잘 살펴볼 필요가 있어요. 변화되는 상황에서 자신의 장점을 발휘하여 새로운 흐름을 만들어내는 거라면 때를 만난 것으로 볼 수 있죠. 제가 아는 선배 한 분은 50대에 자산관리 시장에서 사업가로 변신하여 큰 성공을 거두었어요. 강남에서 수학을 가르치는 일을 하고 있었는데, 어느 날 자산관리 분야로 활동 영역을 바꾸는 거예요. 이 분야의 영업이 쉽지 않은데, 자신이 알고 있는 많은 사람들 그리고 대학 선후배 등을 고객으로 삼아 사업을 키우는 거였어요. 베이비부머 세대들의 은퇴와 맞물려서 우리나라에 자산관리 시장이 커지는 시점에 사업을 전개한 것이죠. 지금은 가업승계 컨설팅까지 하면서, 사회적 변화를 자신의 것으로 만들고 있는 거예요.

운은 10년 단위로 바뀐다고 하잖아요. 우리 속담에 '강산도 10년이면 변한다.'는 말도 있구요. 인간의 삶은 주기적으로 변할 수밖에 없는 것이죠. 사회 경제적 변화, 인구 구조의 변화, 세대 계층의 변화, 매체의 변화 등등 인간의 삶은 10년 단위로 변하게 되어 있어요. 이러한 변화 속에서 자신의 장점을 살려서 시대 흐름과 결합할 수 있다면 나만의 때를 만날 수 있을 거예요.

때를 만드는 것
– 시대의 흐름을 읽고 블루오션을 찾아내는 것

때를 만나는 것과 때를 만드는 것의 차이점은 행운의 상황이 우연적으로 다가오느냐 아니면 시대의 흐름을 파악하여 블루오션을 찾아내느냐에 있다고 생각해요. 앞에서 이야기한 자산관리로 성공한 선배가 만약 시대의 흐름을 읽고 블루오션을 찾아낸 거라면 스스로 때를 만든 거라고도 볼 수 있어요.

소비자의 욕구는 분명히 존재하는데 그것을 만족시키는 것이 없다면 그런 분야를 사업의 영역으로 만들어내는 것이 블루오션 전략이죠. 그래서 블루오션 전략은 '소비자 욕구를 찾아라'로 요약할 수 있을 것 같아요. 그런데 이렇게도 말하고 싶어요. '시대의 흐름과 변화 속에서 대중의 욕구를 찾아라.' 욕구보다는 시대의 흐름과 변화에 더 강조를 두고 싶은 것이죠. 새로운 흐름과 변화가 생기면 당연히 새로운 욕구가 생기잖아요.

시대적 변화와 흐름 속에서 새로운 욕구를 창조적 가치로 만들어내는 것은 개인도 가능할 거예요. 스타벅스도 처음에는 개인이 한 거잖아요. 이러한 시대 흐름을 파악하고 블루오션을 찾는 것은 기업에게는 사활적이라고 할 수 있어요. 그것을 찾아 자기사업의 영역으로 만드느냐 못 만드느냐에 따라 기업이 망하기도 하고 성공하기도 하거든요.

그래서 CJ 그룹을 주목하고 싶어요. '제일제당 백설표 설탕과 밀가루' 기업이라는 기업이미지를 벗어던지고 새로운 사업영역으로 확장해 나간 과정이 '때를 만드는 것'이었다고 생각해요. 1990년대 이후 우리 사회의 변화 과정을 읽고 문화산업으로 진출하여 크게 성공하였죠. CGV 영화관, 케이블 TV의 최다 채널 보유, 음반회사 등등 CJ는 이제 문화산업의 대표적인 기업이 되었죠.

CJ 그룹이 이렇게 성장한 데에는 제일기획이라는 광고회사 '광고쟁이'의 역할이 컸다고 봐요. 대기업이기 때문에 자금 지원과 인적 자원의 동원이 가능했겠지만, 현실을 분석하여 타당한 사업들을 이끌어내는 기획력과 그것을 일반대중에게 접목하는 창의력은 이러한 '광고쟁이들'로부터 나온 부분도 상당한 것 같아요. 제일제당이 문화산업에 뛰어들기 위해서 먼저 음반시장에 접근하였어요. 이때 발굴된 가수가 김원준이죠. 김원준의 성공 이후 제일제당은 문화산업으로 기업을 급속히 키워나갔던 것이죠.

때를 만들기 위해서는 시대 변화와 흐름, 그리고 트렌드의 변화에 관심을 갖고 계속 추적해야 해요. 회사 안에서 당신의 때를 만들 경우에도 이게 필요하죠. 당신의 업무를 시대의 흐름과 관련시키고 새로운 창의적인 기획을 만들어 내는 거예요. 개인들도 인생에서 자신의 때를 만들기 위해서 자기에 대한 기획을 세워둘 필요가 있을 거예요. 실현 가능한 기획이 나오기 위해서는 적어도 그 분야에서 3년 내지 5년 정도 일해야 하기 때문에 인생에서 자신의 기획을 만들어 내는 것은 쉽지 않아요. 일생에 거쳐 많아야 2~3번 정도일 거예요. 그만큼 때를 만나기 위해서는 그 분야에 정통해야 하고 남들이 보지 못하는 변화의 모습을 예리하게 찾아낼 수 있어야 하죠. 사실 이런 능력은 인간을 이해하는 눈이 없고서는 가능하지 않아요. 인간을 이해하는 것, 그게 바로 인문학이잖아요. 최근 기업들이 인문학을 내세우는 것도 이와 관련이 있는 것이죠.

때를 기다리는 것
– 계속적으로 기회를 모색하는 2등 전략

'기다림의 사나이' 하면 일본의 도쿠가와 이에야스가 많이 거론되는 것 같아요. 출중한 실력을 갖추었지만 도요토미 히데요시의 힘에 눌려 신하의 예를 갖추고 있다가 히데요시가 죽고 나서 반전의 시기가 왔을 때 기회를 놓치지 않고 자신의 때를 만든 것이죠. 일본의 막부 시대가 열린 것은 이렇게 기다리고 또 기다릴 수 있는, 언제까지라도 기다릴 수 있는 2등 전략의 성공이 아닌가 하는 생각이 들어요.

실력이 출중해도 대중으로부터 인정받지 못하면 1등으로 올라갈 수 없어요. 1등에 대한 사람들의 이미지, 1등에 대한 사람들의 서열 순위는 쉽게 바뀌지 않거든요. 그것을 인위적으로나 의도적으로 바꾼다는 것은 거의 불가능해요. 아무리 광고나 홍보를 하여도 이것을 쉽게 변화시킬 수 없어요. 그런데 시간만이 1등에 대한 이미지와 서열 순위를 바꿀 수 있어요. 시간이 지나면 사람들의 생각과 이미지가 희미해지고 어느 순간 사람들의 머릿속에서 사라지게 되죠. 그래서 1등 기업은 자신의 이미지를 계속 심기 위해서 '쓸데없는' 이미지 광고를 그렇게 해대는 거예요.

만약 1등 기업이 자기관리를 소홀히 하거나 매너리즘에 빠져 허점을 보이면 2등으로부터 바로 반격이 들어올 수 있어요. 2등 기업은 계속 그런 기회만을 노리고 이를 악물고 칼을 갈고 있거든요. 우리나라에서는 하이트 맥주가 맥주 시장에서 1등을 차지한 것이 그 예가 되지 않을까 해요. 저는 이것이 100년에 한 번 나올까 말까 한 사건이라고 생각해요. 그래서 광고나 마케팅을 공부하는 사람들이 반드시 살펴보아야 할 사례인 것이죠. OB 맥주 아래서 30~40년간 2등으로 있다가 수돗물 불신과 낙동강 페놀 오염 사건으로 깨끗한 물에 대한 소비자의 관심이 폭발할 때, "100% 천연 암반수"라는 광고 문안을 내걸고 1등에 도전한 것이죠. 3~4년에 걸친 맥주 전쟁에서 하이트 맥주는 승리하였고 OB는 기업을 매각하고 중공업 분야로 진출하여 지금의 두산그룹으로 다시 부활하였죠.

프로가 되는 것도 때를 기다리는 것으로 볼 수 있어요. 당신이 어떤 분야에서 프로가 된다면 일단 2등이 된 것이죠. 왜냐하면 프로가 된다고 바로 우승하는 게 아니잖아요. 그리고 때를 기다리면서 기회를 만들려고 할 때 생각해 두어야 할 점이 있어요. 먼저 시장 상황보다 너무 앞서가는 것이 아닌가 살필 필요가 있어요. 의욕이 넘쳐나고 또 미래의 기대되는 시장규모에 현혹되어 아직 오지도 않은 시장을 마치 지금 온 것처럼 여기고 행동할 수 있어요. 이런 생각은 소비자나 시장의 상황을 보지 못하고 자신의 주관적인 상상에서 출발하기 때문에 실패하기 십상이죠. 시장과 소비자를 이기려고 해서는 백 번이면 백 번 다 실패하고 말 거예요.

소비자의 욕구를 파악하는 것 말고도 대중과의 접촉을 계속 확대해나갈 필요가 있어요. 1등도 시간이 지나면 이미지가 흐릿해지고 사람들의 머리에서 계속 멀어지는데 사람들이 잘 알아주지 않는 2등이나 새로운 시장 진입자는 더더욱 말할 필요가 없겠지요. 계속 두드리고 시도하면서 시행착오를 정리하여 또 두드려야만 자신을 알아줄 거예요. 대중이 알아주는 자만이 살아남고, 소비 대중이 기억해주는 자만이 강자인 거예요. 때를 기다린다는 것은 그냥 기다리는 것이 아니라 대중과 소통하면서 자신의 진정한 값어치를 알아주도록 만드는 것이죠.

인간은 **선택**을 통해 자신의 운명과 마주친다

│ 결단의 시기에 나타나는 여러 개의 선택길

참으로 이상한 일이에요. 하던 일을 정리하고 새로운 일을 모색하려고 하면 왜 그럴듯한 선택길이 여러 개 동시에 나타날까요? 하나만 나타나면 그냥 어쩔 수 없이 그것을 선택할 텐데, 여러 개가 동시에 다가오니까 망설여지게 되죠. 저는 이것을 운명과 결부지어 생각하고 싶어요. 인간은 운명적 존재라는 거지요. 자기 스스로 선택하여 운명을 만들어 가는 존재!

선택과 결단의 순간에 우리를 주저하게 하는 것은 선택의 결과가 어떠할지 미리 예측할 수 없기 때문이에요. 어떤 길을 선택하느냐에 따라서 삶의 방향이 전혀 달라지는데, 그 결과를 미리 알 수 없잖아요. 선택의 길

목에서 결단을 내리는 자유의지는 우리에게 운명을 불러오죠. '이리 갈까 저리 갈까 아니면 차라리 돌아서 갈까', 세 갈래 네 갈래 길에서 어느 것을 선택해도 나의 예측이나 의도와 상관없이 일이 진행되는 것이 바로 인생이죠.

칸트는 자유의지에서 도덕적 의무를 말하지만 지금의 대한민국의 청춘들 아니 대한민국의 모든 청장년들은 자신의 자유의지로 운명을 만들어가야 할 것 같아요. '스스로 자유롭게 선택해서 무엇인가를 해라', 이렇게 요구하는 것이죠. 그래서 '기회 만들기'는 자신의 운명과 맞서는 거예요. '운명'이라고 하니까, 그 힘이 가혹하고 두렵게 느껴지죠? 그러나 떨 것도 없고 쫄 것도 없어요. 버티며 견뎌나가면 돼요. 그러면 인생 반전의 기회가 다가오죠. 설사 그 운명의 힘이 너무 가혹하여 그리스 신화에 나오는 오이디푸스 왕처럼 자신의 두 눈을 찌를지언정, 결코 당신의 운명을 후회하지 않아요. 왜? 내가 결단을 내리는 자유의지는 그만큼 소중하니까. 내가 선택하여 달려온 인생은 나의 전부이니까.

가끔은 지나온 일을 생각하면서, '그때 이 길로 갔다면 어떠했을까?'라고 상상해보는 경우가 있을 거예요. 저도 가끔 그런 생각을 해보죠. 대학때 연극반 활동을 했었는데 만약 연극을 계속하여 배우 생활을 했다면? 지금쯤 미남의 국민배우로서 대중의 사랑을 받고 있을지도 모르겠네요. ^^ "에이, 뻥쟁이." 이렇게 생각하시는 분들을 위해 다른 사람의 증언을 남길게요. 증인은 저의 안사람이에요. 대학교 3학년 소개팅 때 저를 처음 보고서, "뭐 이렇게 잘생긴 남자가 다 있어?"라고 생각했다나 뭐라나. 결혼하고서 한참 지난 후에 딱 한 번, 지나가는 소리로 말한 것을 놓치지 않고 새기고 있죠. 제 눈에 안경인가요?

선택의 순간에 기회비용을 따질 것이냐
자신의 운명을 생각할 것이냐

예측할 수 없는 미래를 예측하고 그러한 미래 상황을 당신의 의지 속으로 끌어당겨 보는 것은, 선택의 순간에 반드시 따라오죠. 합리적으로 판단해 보고 자신의 인생을 던질 수 있는 근거를 마련하는 것 없이, 어찌 결단할 수 있겠어요? 우리는 예측할 수 없는 미래의 운명을 이렇게 합리적으로 다룰 수밖에 없을 거예요.

그래서 선택의 순간에는 이길 저길 따져보고, 각각의 길에서 얻게 되는 손실과 이익을 살펴보게 되죠. 회사를 옮기는 경우에는 급여수준이나 근무조건을 따져 볼 것이고, 기업의 전망이나 조직문화 등도 비교해 보죠. 이렇게 선택의 순간에 경제적 이해관계를 따져보는 것이 기회비용이에요.

그런데 이런 기회비용이 자칫 사람을 얄팍하게 만들 수 있고 중요한 포인트를 놓치게 할 수 있어요. 더구나 기회비용은 미래의 불확실성을 해결해주지 않아요. 오히려 그런 불확실성을 더 조장할 수 있어요. 그렇기 때문에 선택의 순간에 기회비용만 따지는 것은 합리적 판단이라고 볼 수 없어요. 당신의 운명까지 생각해보아야 해요.

최인호 원작을 드라마화한 「상도」를 보면, 만상도방 홍득주는 주인공

임상옥에게 '장사치의 길'을 제대로 알려주고 있어요. "장사는 돈을 남기는 것이 아니라 사람을 남기는 것이다." 저는 이 말을 이렇게 바꾸어 말하고 싶어요. "선택은 나에게 사람을 남기는 것이다." 선택의 순간에 기회비용을 따질 것이 아니라 어떤 사람을 만나는가 살펴보라는 거예요. '당신의 운명을 만들어 줄 사람이냐 아니냐, 당신의 운명과 같이 할 사람이냐 아니냐.' 이것을 생각해 보아야 해요. 아직 그러한 판단이 서지 않는다면, 거꾸로 당신이 상대방에게 그런 존재가 되려고 해보세요. '운명을 같이 할 놈'으로 당신이 가고자 하는 기업이나 집단에 인식시켜 보세요.

마음속으로는 결별을, 그러나 밖으로는 아름다운 관계를

저는 30대, 40대 중반까지 이런 길 저런 길을 참 많이 밟아왔던 거 같아요. 3~4년 단위로 선택의 순간을 맞이했었지요. 제가 원해서 결단을 내린 경우도 있지만 어쩔 수 없어서 새로운 길을 모색했던 적도 있었어요. 삶이 불안정하다 보면 미래의 불확실성은 더욱 증폭돼요. 그래서 주어지는 매번의 선택마다 고민스럽고 어려웠죠.

한번은 이런 경험이 있었어요. 30대 중반이었을 거예요. 여러 개의 선택길에서 중요한 결단을 내려야 할 것 같아, 조용한 곳으로 가서 생각을 정리해보기로 했죠. 저에게 친숙한 곳은 천주교 수도원이어서 집에서 가까운 수도원을 찾아 예약을 하고 하룻밤을 보내기로 했죠. 그런데 '심오한' 결정을 내리지도 못하고 그냥 자고만 왔어요. ^^ 그것이 어떤 선택이었는지 지금 기억에 남아있지 않은 것으로 보아서, 그 이후의 진행과 결과가 저에게 대단한 것이 아니었던 것 같아요.

그래요. 주어지는 선택에서 기회를 찾아 결단을 내리는 일이 앞으로 참 많을 거예요. 또 지나고 보면 이렇게 우스운 경우도 있을 거구요. 하지만 이런 선택의 순간에 사람은 진지해질 수밖에 없어요. 지나온 것에 대해 단호히 선을 긋고, 앞으로의 일에 매진할 것을 결심하는 것이죠. 이렇게 마음속으로 어떠한 각오나 결의가 있어야 새로운 힘이 생기고, 사회 속에서 당신을 이끌고 '전투'를 벌여나갈 수 있거든요.

그렇지만 선택의 과정은 다른 사람과 인간관계를 맺고 푸는 과정이 뒤따르기 때문에, 신중하게 행동할 필요가 있어요. 마음속으로는 결별을 단호히 외친다고 하여도, 밖으로는 헤어짐과 만남이 아름다워야 해요. 마음속의 단호한 결별이 밖으로 드러나서 눈살을 찌푸리게 하는 사람도 많아요. 뒷정리나 마무리도 못하고, 인수인계도 제대로 안하는 경우를 자주 볼 수 있어요.

회사를 그만두거나 어떤 집단을 떠날 때, 이렇게 속이 얄팍한 사람은 그 회사나 집단과 두 번 다시 만나지 않으리라 생각할 거예요. 그런데 두 번 다시 만나지 못하는 것은 자신의 의지 때문이 아니라, 바로 그 회사나 집단이 자기를 배척하기 때문이에요. 자기가 있던 곳을 떠나더라도, 성실하고 능력 있고 좋은 인간관계를 유지했다면, 왜 다시 부르지 않겠어요? 다시 부르고 싶은 사람, 다시 일하고 싶은 사람으로 당신의 이미지를 심어주는 것이 필요해요. 우리나라는 좁은 나라이고, 좁은 사회예요. 자신이 속한 분야에서 한두 사람 건너가면 웬만한 사람을 다 알게 되죠. 당신이 다른 곳에 가더라도 그전 직장에서 당신의 평판이 어떠했는지 반드시 알아보죠. 저는 외유내강外柔內剛의 사람을, 마음속으로는 결별을 하지만 밖으로는 아름다운 인간관계를 만들어가는 사람이라 보고 있어요. ^.^

단 한 번의
실수도 하지마라

임진왜란은 조선이 승리한 전쟁일까요? 패배한 전쟁일까요? 일본의 침략을 예견하고 초반에 물리치지 못했다는 점에서, 그리고 나라 전체가 일본군에게 유린당했다는 점에서 조선이 패배한 전쟁처럼 느껴져요. 그러나 전쟁의 결과 일본이 아무런 대가도 얻지 못했다는 점에서 조선이 패배했다고 볼 수 없죠. 일본은 전쟁의 종결 조건으로 조선의 절반 지배를 요구했지만 풍신수길이 죽자 국내문제로 황급히 철수하게 되죠.

임진왜란에서 승리할 수 있었던 것은 꼭 이겨야 할 전략적 전투에서 승리했기 때문이에요. 임진왜란의 3대 대첩이 바로 그것이죠. 먼저 진주성 싸움은 곡창 지대인 전라도 지역에 일본군이 진입하는 것을 막아냈고,

그래서 내륙에서 일본 육군의 군수물자 조달이 어려웠죠. 그 다음으로 한산도 대첩은 이순신 장군이 제해권을 장악하여, 일본 수군의 보급지원을 차단시켰죠. 그 유명한 23전 23승 전승의 신화잖아요. 마지막으로 한강 입구에서 벌어진 행주 대첩은 왜 임진왜란의 전략적 전투일까요? 그것은 바로 지리적 특성 때문이에요. 평양성까지 진출한 일본군이 명나라 지원군에 밀려 한강지역까지 철수하는데 이 전투로 인해 한강지역을 근거지로 삼는데 실패한 것이죠. 만약 일본군이 한강지역을 차지했다면, 김포평야를 통해 식량을 조달하고 이 지역에서 배를 건조하여 수군을 활용할 수 있었겠죠. 그러면 중국 방면이나 전라도 방면으로 양동작전을 펼 수도 있었을 거예요. 행주산성에서 패한 일본군은 소백산맥 아래 경상도 해안지역으로 철수하게 되어 그만큼 위세가 약화된 것이죠.

인생에서도 전략적인 부분이 있어요. 그런 전략적인 부분을 자신의 실수로 인해서 실패하는 경우를 종종 보게 돼요. 그래서 단 한 번의 실수도 하지 말아야 해요. 실수하는 가장 큰 이유는 자신의 주관적인 판단으로 일을 처리해 나가기 때문이에요. 자신의 말과 행위가 다른 사람들과 관계되고, 조직이나 집단에 영향을 주고 있음에도 불구하고 대수롭지 않게 여기기 때문이죠. 만약 주어진 권한이나 권력을 맹신하거나 생활태도가 절제되지 않으면, 주관적으로 일을 판단하여 실수할 수 있어요. 어렵게 노력해서 들어간 공직 사회나 대기업에서 젊었을 때 단 한 번의 실수로 자기 인생의 전략적 부분이 될 조직에서 실패로 끝날 수 있어요. 인생의 전략적 부분에서 실패하지 않도록 자기 몸가짐을 잘 다스려야 해요.

용납되는 실수와 용납되지 않는 실수

실수도 용납되는 경우가 있고 용납되지 않는 경우가 있어요. 보통 첫 실수는 용납되는 경우가 많아요. 경험부족에 의해서 생긴 것이라 판단하기 때문이죠. 그러나 처음 실수라도 범죄를 저지르거나 커다란 피해를 끼친 경우에는 용납되지 않아요. 그리고 반복된 실수는 용납되지 않으며 오히려 책임을 져야 할 경우도 있어요. 같은 실수가 반복된다는 것은 그 사람의 생활태도나 습관에 문제가 있는 것이죠. 그래서 사람을 판단할 때에는 일정 시간을 두고 지켜보면서 그 사람의 태도나 습관을 살펴보는 거예요.

우연한 사건이나 불가항력적 사건으로 발생한 실수도 용납될 수 있어요. 예를 들어 갑작스러운 교통사고로 중요한 회의에 참석하지 못했다고 하면 이는 용납될 수 있죠. 하지만 이러한 불가항력적 사건이 일어나는 것조차도 대비할 필요가 있어요. 반면에 상사의 업무지시나 조언에도 불구하고 자신의 고집으로 밀어붙인 경우에는 용납되지 않죠. 특히 자신을 과대평가하는 사람들이 조심해야 할 점이에요. 읍참마속의 사자성어는 이런 실수를 가리키고 있잖아요.

또한 조직이나 집단에 큰 영향을 주는 통제 불능의 실수가 나와서 조직 전체가 그냥 당하고만 있어야 하는 경우나, 아니면 실수에 대한 책임 범위가 CEO나 사장까지 확대될 경우에 그러한 실수는 용납되지 않죠. 실무자 선에서 해결되지 않는 실수는 조직 전체로 피해가 확대되기 때문에 그러한 실수는 그냥 넘어갈 수 없는 것이죠.

실수를 했을 때는 어떻게 행동해야 하는가

실수를 하지 않는 것도 중요하지만 실수를 했을 때 그것을 어떻게 처리하느냐도 매우 중요해요. 실수를 임의대로 처리하다가 문제가 더 커질 수 있기 때문이죠. 사회생활의 대부분은 공식적인 보고-지시 체계, 지휘 명령 계통 속에서 이루어지죠. 그래서 실수를 했을 때에는 공식적인 보고-지시 체계에서 해결해야 하죠. 지휘 명령 계통에 따라 상사에게 보고하지 않고 임의대로 처리하다가 더 나쁜 결과가 생기게 되면 여기에 대한 책임을 딩신 혼자서 져야 해요. 그리고 당신이 맡고 있는 일에 다른 맥락이 숨어 있을 수도 있어요. 실무자인 자신은 그것을 모르고 있지만 당신의 상사는 그것을 알고 있을지 몰라요. 그런 맥락을 알고 있어야 실수를 제대로 해결할 수 있죠.

자신의 실수를 상사에게 보고하기 전에 먼저 실수가 어떤 결과를 가져올지 냉정하게 분석해 보아야 해요. 자신의 실수를 축소하거나 책임을 다른 쪽으로 돌리기 위해서 변명을 해서는 안 되죠. 질책을 당하고 욕을 먹더라도 사태수습에서 냉정함을 잃지 말아야 해요. 그리고 이 상황을 어떻게 대처할지 수습방안을 생각해보고, 왜 그렇게 수습해야 하는지 근거도 생각해두어야 해요. 그래서 상사에게 보고할 때 사실과 의견을 확실히 분리해서 보고할 수 있어야겠지요.

모든 사회생활에서는 업무의 어느 부분까지 누가 책임을 져야 하는지를 규정하고 있다고 보면 돼요. 책임의 소재가 누구에게 있는지 따지는 것이죠. 그래서 공식적인 보고-지시 체계 속에서 정확히 보고하고 수습

하려는 것은 그러한 책임의 범위를 분산시키는 것으로 볼 수 있어요. 상사나 윗선에 보고했을 때에는 그 수습에 대한 책임이 그만큼 분산되는 것이지요.

간혹 공식적인 보고-지시 체계가 아닌 비선에 의해 업무가 진행될 수도 있죠. 영화에서 자주 보는 거잖아요. 특수임무나 정치적인 일 등에서 말이에요. 이런 경우 공식적인 보고-지시 체계에 따라 일을 처리하는 게 적절한지 생각해 보아야 해요. 자신의 보고가 상사에게 수습 책임을 넘기는 것일 수도 있기 때문이죠. 그러나 이와 같은 경우는 아주 특수한 상황이기 때문에, 대부분의 사람들은 염두에 두지 않아도 될 거예요.

잘나갈 때 **조심**하라

잘나간다는 것은 수많은 경쟁자가 생겼다는 것

호동왕자와 낙랑공주의 설화에서 낙랑공주의 비극적 죽음에 대해서는 잘 알고 있을 거예요. 그런데 호동왕자의 비극적 죽음에 대해서 알고 있나요? "어, 호동왕자가 비극적으로 죽었어?" 아마 이렇게 반문할 거예요. 호동은 정부인의 아들, 즉 적자가 아니에요. 낙랑을 멸망시킨 그해 겨울, 호동왕자는 자살하고 말아요. 태자 자리를 호동에게 빼앗길까 두려워한 원비元妃의 모함 때문이에요. 호동왕자는 '어머니(元妃)의 잘못을 드러내면 대왕에게 근심을 끼치게 되므로 효도라고 할 수 없다'고 생각하며 스스로 죽은 거예요. 김부식은 『삼국사기』에서 '이는 소절에 집착하다가 대의에 어둡게 된 경우'라고 하면서 호동의 행동을 비판하고 있죠.

호동왕자가 비극적으로 죽은 것은 호동왕자가 잘나갔기 때문이에요. 호동왕자의 능력이 그저 그런 것이었다면 굳이 죽어야 할 이유가 없었겠죠. 호동왕자의 능력이 얼마나 대단했을까? 낙랑을 멸망시킨 사실 자체만으로도 그것을 상상할 수 있을 거예요. 낙랑은 우리가 상상하는 것 이상으로 대단한 존재였어요. 고조선을 멸망시키고 그 자리에서 400년을 버텨왔잖아요. 그런 낙랑을 멸망시킨 주인공이 바로 호동왕자인 것이죠. 그러니 그의 권세와 실력이 어느 정도였을지 상상할 수 있지 않을까요.

잘나간다는 것은 '사람을 움직일 수 있는 힘'을 갖고 있는 것이죠. 사람을 움직이는 힘이 바로 권력이잖아요. 그래서 회사든 정치권이든 아니면 브랜드든 잘나가는 것들은 모두 이러한 힘을 갖고 있어요. 그런데 이러한 힘들은 변화무쌍하죠. 정치는 정기적으로 국민의 신임을 받아야 하고 회사의 주도세력은 때가 되면 바뀌죠. 또한 대중의 입맛과 트렌드는 변하여 기존 브랜드가 사라지고 새로운 브랜드가 뜨게 되죠. 게다가 이런 힘을 보유하기 위해서 치열하게 경쟁하고 있어요. 그래서 잘나간다는 것의 한편으로는 기존의 힘을 뒤집기 위해 수많은 경쟁자들이 눈을 부라리고 있음을 의미하는 것이죠.

모든 힘에는 관성의 법칙이 작용해요. '사람을 움직이는 힘'에도 이런 관성이 작용하여 잘나가는 사람에게 착각을 불러오죠. 그러한 힘이 앞으로도 계속될 거라는 착각! 그런데 때가 되면 관성은 사라지고 그러한 힘은 다른 사람에게 넘어가죠. 더구나 중간에서 그 힘을 가로채려는 수많은 경쟁자들이 잘나가는 사람의 결정적인 실수를 노리고 있죠. 그래서 잘

나간다고 하더라도 한 방에 훅 날아갈 수 있는 거예요.

특히 젊었을 때 잘나가는 것을 주의해야 해요. 앞으로 살아야 할 시간이 너무 많이 남아있는 것이죠. 잘나가는 상황이 곧 사라진다는 것을 염두에 두지 않고 마음대로 행동하다가는 너무 빠르게 몰락할 수 있어요. 사회 초년생활 10년 동안에는 자신이 '실무자'임을 자각하고 거기에 걸맞게 경험과 실력을 쌓는 것이 중요해요. '잘나갈 때 경쟁자나 적을 만들지 마라. 납작 엎드려 생존의 길을 마련해 두어라.' 이 점을 잊어서는 안 될 거예요. 제가 아는 어떤 분도 취업하자마자 대기업 회장 비서실에 근무하다가 몇 년 후에 한가한 분야로 밀려났어요. 왜 그랬는지 모르겠지만 잘나갈 때 자기관리에 허점이 있지 않았나 하는 생각이 들어요. 한직에 있을 때 본 적이 있는데 씁쓸해하는 표정이 아직도 기억에 남아요.

잘나가는 것을 성공으로 이끄는 방법

잘나가는 것은 결코 성공이 아니에요. 그것은 잠시 주어지는 것이고 곧 사라질 운명이죠. 조직 생활에서 주어진 권한은 때가 되면 조직에서 회수해가요. 전문직에서 잘나갈 경우에는 트렌드가 바뀌고 유행이 변해요. 자영업이나 개인 사업도 시장의 변화가 잇따르게 되죠. 그리고 수많은 경쟁자들이 치고 올라올 준비를 하고 있어요. 그래서 잘나갈 때 관리를 잘못하면 몰락이 더 빠를 수 있는 거예요.

잘나가는 것은 예상치 못하게 찾아오는 경우가 많아요. 나중에 시간이 지나고 나서야, '그때 잘나갈 때 관리를 잘해서 계속 흐름을 만들어갈 걸.' 하고 후회하는 경우가 많죠. 그런 경우가 자신에게 첫 경험이었기 때문에 나중에 가서야 여러 가지를 분석하게 되죠. 일회적이고 우연적인 잘나감, 또는 짧은 시간동안 주어지는 잘나감을 안정된 기반으로 바꿔낼 수 있는 방안을 알아두면, 잘나가는 것을 성공으로 이끌 수 있을 거예요.

회사나 공직 사회 등 조직 내에서 잘나갈 경우

❶ 자신의 업무권한이 조직 내에서 무엇을 의미하는지 확인한다. 그리고 상하관계나 대외관계에서 월권하지 않도록 조심한다.

❷ 자신의 권한으로 이루어야 할 성과가 무엇인지 확인하고 결과를 이루어낸다.

❸ 적보다는 친구를 많이 만들도록 하며 원칙적으로 활동하되 유연성을 갖는다.

❹ 자신의 업무와 관련된 선물이나 뇌물을 조심하고 받지 않도록 한다. 한 방에 당신을 날릴 수 있는 것이다.

❺ 창의적 아이디어와 기획을 계속 만들어내고 실행 가능한 것을 실천한다. 이때 아래 위, 좌우 등을 잘 살펴 무리 없이 해나간다.

전문 직종에서 잘나가는 경우

❶ 시장의 트렌드나 유행이 어느 정도 이어질지 예측하고 대비한다.

❷ 이러한 시장의 트렌드에 따라 자신의 직종에서 변할 수 있는 요소가 무엇인지 확인하고 대비한다. 그리고 새로운 트렌드나 유행을 만들어가거나 따라갈 수 있는 근거를 마련해둔다.

❸ 대기업과의 관련성을 염두에 둔다. 경쟁관계가 될 것인지 아니면 협력관계가 될 것인지 생각해두고 이에 대한 대비를 해두도록 한다.

사업에서 잘나갈 경우

❶ 잘나간다고 섣부른 사업 확장을 금한다. 사업을 확장하면 경비는 늘어나고 이익금을 다 쏟아 넣어야 한다.

❷ 잘나갈 때 초기 투자비용을 빠르게 회수한다.

❸ 일 년 단위의 경영프로그램을 갖고 있어야 한다. 그러기 위해서는 일 년 중 소비자나 고객의 변화 추세와 수입–지출 추세를 분석한다. 몇 년 치의 흐름에 대한 통계적 수치를 갖고 자금 확보와 예산 지출을 해야 한다.

❹ 자신의 장점을 확실히 파악하고 그쪽으로 경영을 강화한다.

❺ 지역 주민의 소문과 여론 주도층의 동향에 신경을 쓰고 대비한다.

❻ 갑작스러운 트렌드의 변화나 시장 변화에 대응하여 급격한 매출 감소에 대비한 시나리오를 마련해둔다.

사회 초년생활 10년이
평생을 좌우한다

대학을 졸업하거나 군대를 갔다 온 후부터 30대 중반까지를 사회 초년생활 시기로 볼 수 있어요. 약 10년 정도의 직장 생활 기간이죠. 어떤 사람은 이 시기를 '10,000시간의 법칙'이라고도 하더군요. 저는 이렇게 해석해요. 하루 3시간 자기 계발에 투자하면, 대략 10년이 10,000시간이 되는 것이죠. 우리 사회는 이 시기를 거친 당신에게 무엇인가를 요구하고 있어요. 그렇다면 두루두루 활동할 수 있는 제너럴리스트를 요구할까요, 아니면 어떤 분야에 전문성을 가진 스페셜리스트를 요구할까요?

두 가지 다 요구하는 것 같아요. 사회 초년생활 10년을 보낸 사람은 보통 '조직의 관리자'로서의 역할을 부여받죠. 그러면서도 한편으로는 자기 분야의 '전문가'로서의 역할도 요구받고 있어요. 전자가 제너럴리스트로서의 성격을 갖는다면, 후자는 스페셜리스트로서의 성격을 갖는 것이죠.

사회생활이나 회사 생활은 여러 사람이 함께 어울리게 되죠. 그래서 관계를 조직하여 업무를 분담하고, 동시에 그것을 관리하는 일이 중요해요. 이러한 조직 관리와 관련하여 영업이나 마케팅 분야, 재무 분야와 경영 분야, 기획 분야 등은 누구나 기본적으로 알고 있어야 할 범용 분야이에요. 물론 이런 분야들은 각각 전문성을 갖지만, 누구나 기본은 알고 있어야 하지요. 30대 후반이나 40대에 당신이 지금 하고 있는 분야를 기반으로 사업을 한다고 생각해보세요. 이런 범용 분야의 기본 실무 내용을 모르면 낭패를 당할 수 있을 거예요.

이런 경험을 한 적이 있어요. IMF 사태 직후 벤처산업 분야, 특히 IT 산업에 투자붐이 일어났죠. 교육산업에도 바람이 불어서, 인터넷 기반 사교육 시장이 열리기 시작하였어요. 제가 다니던 학원에서 원장님이 사업 아이디어를 내고, 다른 사람들로부터 투자를 받아서 인터넷강의 사업에 뛰어들었죠. 메가스터디가 선두 사업자로 나서기 2~3년 전의 일이에요. 결국 사업은 실패하고, 수백 명으로부터 받은 수십억 원의 투자금을 날리게 되는데, 제가 볼 때는 제너럴리스트로서의 경험이 없었던 것이 결정적이었던 것 같아요. EBS를 차용한 브랜드 전략부터 착오였어요. 십수억 원 이상을 들여 광고와 홍보를 했던 브랜드가 유사상표였기 때문에 내려야 했죠.

"나는 생산 분야에 있고, 연구직에서 일하는데?" 앞에서 말한 범용 분야는 인문계 출신에게만 해당될까요? 전혀 그렇지 않아요. 자신이 생산하는 제품이 시장에서 어떻게 반응하는지 확인한 후에 다시 생산에 반영하는 것이 보통이죠. 그래서 생산 분야에 있어도 마케팅을 알아야 하는 거예요.

그러면 공무원이나 안정된 기업에 있는 사람은 자신이 하고 있는 일에만 신경을 쓰면 될까요? 하루하루 삶에 쫓겨서 그냥 5년 10년 지내다 보면, 어느 날 갑자기 당신의 자리가 흔들리고 있음을 느낄 거예요. "장강의 뒷물결은 앞물결을 밀어내고, 세상에 새로 나타난 사람은 머뭇거리던 예전 사람을 쫓아낸다(長江後浪推前浪, 世上新人趕舊人)."고 하였어요. 30대에 느끼지 못하다가 40대 초반에 가서 불안해지는 것이죠. "사회 생활 10년 동안 내가 무엇을 했나?" 후회는 너무 늦게 오는 법이에요.

사회 초년생활 10년은 실무자로서 역할이 주어지는데, 웬만하면 누구나 이 실무자로서의 역할은 수행할 수 있어요. 그리고 회사나 조직에서는 실무자를 많이 필요로 하기 때문에 상대적으로 자리가 많지요. 그렇지만 이 시기가 끝나면 그렇지 않아요. 초년 사회생활 10년 동안 '조직 관리자'와 '전문가'로서의 능력을 갖추지 못하면 30대 후반에 가서는 설 자리가 없게 되죠. 그런 능력을 갖춘 몇몇 사람만 있으면 되니까요. 이처럼 사회는 나잇대별로 요구하는 사항이 다른데, 이러한 간단한 사실을 나이 먹을 때까지 알아차리지 못한다는 거예요. 우리는 '인생 바보'인가 봐요. ^^

운명을 같이 할 사람들과 인연을 맺어둬라

사회 초년생활 10년은 능력과 실력을 키우는 시기이지만, 한편으로는 당신의 운명을 결정짓는 사람과 인연을 맺기도 하죠. 그래서 인연을 중시해야 해요. 나의 경제적 이득을 위해 단순히 인맥을 쌓고 관리하는 것이 아니에요. 먼저 나 자신이 남에게 좋은 인연이 되어야 해요. 그래야 남도 나에게 좋은 인연으로 다가오죠. 반대로 악연을 맺을 것 같은 사람이면 과감하게 만남과 인연을 정리하세요. 남의 악행 때문에 애꿎게 나한테까지 불행이 닥칠 필요는 없는 것이죠.

저는 20대 초반에 '평생을 젊게 살자'를 좌우명으로 삼았어요. 자신감과 가능성으로 모든 문제가 해결될 수 있으리라고 생각했죠. 그러나 사회 초년생활 10년을 공백으로 보내고, 갖가지 일들을 겪으면서 새로운 좌우명을 되새기게 되었죠. 인연에 따라 일이 이루어지고, 인연에 따라 일이 정리된다는 것을 알게 된 거예요. 그래서 30대 후반부터는 새로운 좌우명, '인연을 소중히 하라'를 되새기고 있죠.

어떤 사업이나 프로젝트를 당신이 새롭게 진행하려고 사람들을 규합할 때, 이런 말을 듣게 되죠. "돈이 있니 빽이 있니, 그렇다고 조직이 있니 아이템이 있니?" 사람들이 말하는 이런 것들은 사업의 성패를 좌우하는 요소들이죠. 그래서 이런 것들이 있는지 사람들이 확인하는 것이고, 있게 된다면 당신의 주위에 사람들이 몰려들게 되죠.

이때 일을 성공적으로 진행시킬 수 있는 것은 무엇보다도 '사람'이에요. 사람들이 모여서 시스템과 조직을 만드는데, 사업 초기에는 시스템도 낮설고, 조직 운영도 삐걱거려요. 그렇지만 핵심적인 사람들 사이에 신뢰와 의사소통이 있으면 어려운 점들을 넘어설 수 있죠.

그래서 30대 후반 이후에 사업을 모색하려면 여러 방향의 사람들과 관계를 맺어 두어야 해요. 무엇보다 먼저 당신을 이끌어줄 수 있는 CEO급 사람들. 좋은 선배나 직장 상사가 여러분의 인생을 바꾸게 할런지도 몰라요. 둘째는 당신과 연대하거나 협력할 수 있는 자기 나잇대의 사람들. 평생 운명을 같이 할 사업의 동지를 만날지도 모르죠. 셋째 당신과 일을 같이 했으면 좋을 후배들이나 손아래 사람들. 이처럼 여러 분야와 여러 방향에서 인연이 맺어지고 좋은 관계가 형성된다면, 40대에 도약의 기회를 맞이할 수 있어요. 그래서 사회 초년생활 10년 동안에는 돈을 쫓지 말고, 운명적 만남을 준비하세요. 운명은 자기 하기 나름이에요.

마지막까지 뒷정리하는
조직 속의 **중심 인간**이 되라

한솥밥 조직문화에 유연하게 합승하라

외국 것이 우리나라에 들어와 마치 원조 우리 것인 양 행세하는 경우가 있어요. 제일 먼저 고추가 떠오르네요. 또 생각나는 것이 노래방이구요. 고추는 음식 문화와 관련되고 노래방은 '음주가무' 문화와 관련되지요. 그런데 둘 다 공통점이 있네요. 남방이나 일본으로부터 들어왔다는 점이에요. 북방문화와 남방문화의 짬뽕! ^^

노래방에 대한 추억은 중학교 때나 아니면 초등학교 때까지 거슬러 올라갈 거예요. 시험이 끝나면 친구들끼리 몰려가 뒤집어지고 광분했던 곳, 지금은 회사에서 회식이 있으면 뒤풀이로 2차 가는 곳. 노래방에서의 규칙은 뒤집어지고 망가져야 한다는 것뿐이죠. 이런 특성은 유럽의 카니발과 비슷한 것 같아요. 사회의 공식적 지위와 상관없이 망가지도록 허용되는 시간, 그것이 가능한 공간이죠.

그런데 이런 망가짐도 친한 친구나 자기 부서 사람끼리 이루어지고 있어요. 낯선 사람이나 공식적인 관계를 내세우는 사람끼리는 노래방에 잘 가지 않죠. 노래방은 우리의 독특한 조직문화와 관련되는데, 이는 우리 유전자에 깊이 새겨져 있는 유목적 생활방식과 관련되는 것 같아요. 우리 선조들이 시베리아에서 조금씩 이동하여 한반도에 정착했다고 보고 있잖아요. 떠도는 유목적 삶에서는 같은 솥에 숟가락을 담그고 있다는 게 중요해요. 생사고락을 같이 하고 있다는 운명 공동체 의식은 '한솥밥 문화'로 나타나고, 이게 우리 고유의 '음주가무' 문화와 결합하여, 마치 노래방이 우리 것인 양 행세하고 있는 거예요.

"야, 살아있었구나." 오랜만에 만나는 친구에게 건네는 반가운 인사말이에요. 이 인사말에는 살아있음을 확인하는 운명 공동체 의식이 들어있는 것 같아요. 운명 공동체 의식은 집단 구성원 사이에 동질감을 부여하고, 서로를 밀어주고 끌어주죠. 그래서 이런 의식이 자연스럽게 연고주의로 나타나고 있는 것 같아요. 같은 부서로서, 같은 팀으로서, 같은 여직원으로서, 같은 고향사람으로서, 같은 학교 출신으로서, 심지어 같은 성씨로서 동질감 확인하기! 우리 사회의 연고주의는 뿌리가 아주 깊다고 볼 수 있어요.

서양의 사교모임과 우리의 회식을 비교해 보았을 때, 문화적 기질이 서로 다르게 나타난다는 것을 알 수 있어요. 서양의 사교모임은 친목을 위해서도 조심성과 형식성이 요구된다고 그래요. 개인의 사생활이나 업무

등은 사교 모임의 이야깃거리가 되지 않죠. 상호이해를 통해 만족스러운 동반관계를 실험하는 게임적인 측면이 사교모임에는 존재한대요.

그러나 우리의 회식은 공식모임에서 말하기 어려웠던 것을 서로 나누는 소통의 시간이고, 업무의 연장으로 볼 수 있어요. 그리고 질탕하게 마시고 떠들고 깔깔대는 소란함을 즐기죠. 즐기는 정도가 아니라 체질화되어 있는 것 같아요. 어떤 주제라도 안주감으로 올려져 질겅질겅 씹혀지죠. 끈적끈적한 야한 이야기도 까발려지고, 쓸데없는 논쟁으로 열을 올리기도 하고요.

그렇지만 이러한 '일탈과 전복顚覆'의 모임에서도 냉정한 계산과 방어 심리가 마음 깊숙이 작동하고 있어요. 왜냐하면 집단 내에는 서열이 있고, 그 집단을 움직이는 힘과 권력이 존재하거든요. 그래서 '일탈과 전복'의 시간에서도 넘어서는 안 되는 마지노선이 있고 그것을 염두에 두어야 해요. 그러한 힘과 권력은 당신의 생존에 직간접적인 영향을 주기 때문이에요.

젊은 세대일수록 그리고 사회초년생일수록 이러한 한솥밥 조직문화가 낯설고 싫을 거예요. 업무가 끝난 후 자기 시간을 빼앗기는 것도 싫고, 회식자리나 노래방에서 끈적거리는 분위기도 영 마음에 들지 않겠죠. 여자의 경우 끈적거림뿐만 아니라 추근거림도 기분 나쁠 거예요. 지금은 개성이 뚜렷하고 개인주의 성향이 강하잖아요.

그러나 이런 행사, 이런 조직문화에 합류하지 못하면 그 조직에서 '내놓은 자식'이 될 수 있어요. 같이 오래 일할 사람으로 인식되지 않을 수 있는 것이죠. 만약 사람들이 당신을 그렇게 생각한다면, 사회생활이 쉽지 않을 거예요. 그래서 한솥밥 조직문화에 유연하게 합승해야 해요.

술을 못하는 사람은 한두 잔으로도 밤을 새울 수 있는 방안을 찾아보세요. 저도 소주 3잔 이상을 마시지 못하는 신체조건을 갖고 있어요. 석 잔이면 누구보다도 많이 마신 것 같은 '홍익인간'이 되죠. ^.^ 다른 사람들이 밤새워 마실 때, 이 석 잔으로 분위기를 맞춰가며 같이 밤을 새울 수 있어요. 자신의 신체조건이 그러하면, 사람들이 나중에 다 인정해주잖아요. 그리고 여자들은 남자의 끈적거림이나 추근거림을 영민하고 센스 있게 대처하는 요령을 배워두면 '능력자'로 인정받을 거예요. 회사의 업무도 잘할 뿐만 아니라, 이런 자리의 뒷정리를 마지막까지 남아서 처리하는 당신은 당연히 조직 내에서 인정받지 않겠어요?

끝까지 같이 일하고 싶은 사람이 되라

당신이 가고자 하는 곳에서 그리고 지금 일하고 있는 곳에서 어떤 사람을 원하고 있는가를 생각해본 적이 있나요? 당신이 그런 인재인지 곰곰이 살펴본 적이 있나요? 이 점을 알려면 반대로 생각해보면 돼요. 우리 회사에서는 어떤 사람을 기피하고 채용하지 않으려 하는가?

회사가 원하지 않는 타입의 인재상

- 엄숙함이 부족한 지원자

- 노력하려 들지 않는 지원자

- 허약한 수재타입의 지원자

- 발상이 패턴화된 형식적인 타입의 지원자

- 사물을 밝게 생각할 수 없는 타입의 지원자

- 입사의지가 모호한 지원자

- 지원동기가 명확하지 않은 지원자

- 기업의 특성을 알지 못하는 지원자

- 사회성이 몸에 익지 않은 지원자

- 자기 형성이 늦은 지원자

- 자기 중심적이고 타인과 협력하려고 하지 않는 지원자

- 성의나 진실미가 없고 신뢰가 가지 않는 타입의 지원자

『채용의 교과서』 125쪽, 이병철 저, 북메이드）

회사에서 채용하지 않으려는 인간 유형이 참 많네요. 이런 모습들은 회사에서 신입사원을 채용할 때만 살펴보는 것이 아니라 신입사원이 회사에 들어와서 근무할 때도 계속 살펴보는 점들이에요. 채용 당시에는 잘 몰랐다가 나중에 이런 모습들이 확인되면 그 사람은 회사 생활에서 도태될 것이 뻔하겠죠. 결국 '도전과 패기 그리고 업무능력'을 갖추면서도 인간관계를 잘 유지해나가는 사람이 오랫동안 일할 수 있는 거예요. 누구나 다 아는 이야기이지만, 실천하기가 어렵죠.

그런데 회사에서 끝까지 같이 일하고 싶은 사람이 어떤 사람인지 이렇게 말하고 싶어요. 세상살이의 의미를 알면서, 그러면서도 업무도 깔끔히 해내고 결과도 좋게 내올 수 있는 사람!

세상살이는 직접 자신이 몸으로 부딪쳐야 알게 되는 것 같아요. 그만

큼 삶의 경험이 다양해야 깊이가 생기는 것이죠. 그래서 '도전과 패기 그리고 업무능력' 이외의 +알파를 가리킨다고도 볼 수 있어요. 비유를 들어 말한다면, 어느 누가 길모퉁이에서 붕어빵을 고정적으로 팔고 있다면, 그 사람이 그 자리에 있기까지 얼마나 힘든 과정을 거쳤는가를 이해하는 것이라고 볼 수 있어요. 어떤 사람이든 수년 간 또는 수십 년간 그 자리를 지키고 먹고 살고 있다면, 그럴 만한 이유가 있는 것이에요. '도전과 패기 그리고 업무능력'을 갖춘 사람들에게는 이것이 대수롭지 않게 보일 거예요. '나라면 저 정도쯤이야'라고 자신만만할 수 있겠죠. 그렇지만 세상일은 그렇게 단순하지가 않아요.

그런 점에서 '상사를 공부하라'는 주장은 교훈적이에요. (『함께 일하고 싶은 사람이 되라』, 김형준 저, 경향미디어) 보통은 회사에서 여러 상사를 모시고 근무하죠. 훌륭한 사람도 있겠지만 그렇지 못한 상사도 있을 거구요. "뭐, 이런 사람이 다 있어?"라고 할 정도로 형편없는 사람도 있을 거예요. 그런데 그 상사가 그 자리에 있기까지 얼마나 많은 일을 겪고 힘든 과정을 거쳤는지, 또 나름의 생존 노하우와 세상살이의 지혜를 갖고 있는지 먼저 알아볼 필요가 있어요. 상사를 바꾸려는 무모함보다는 상사를 배우려는 태도가 필요하다는 거예요. 그래서 저는 세상살이를 알아차리는 것을 겸손으로 이해하고 있어요. 단순히 자신을 낮추는 것이 아니라, 세상살이의 복잡함을 자기 자신에게로 끌어당겨 그것을 이해하는 거라고 생각해요. 만약 당신이 '싸가지 있으면서도 능력 있는 인간'으로 인식된다면, '선택된 자'로 자리매김할 수 있고 당신의 길을 좀 더 수월하게 만들어갈 수 있을 거예요.

업^業의 확인이
필요하다

30년 전 군대에서 읽은, 경봉 스님의 『야반 삼경에 문빗장을 만져보라』는 책에 구지선사의 이야기가 나와요. 구지선사는 깨달음과 도가 높아서 이름이 널리 퍼졌죠. 그런데 하루는 아리따운 여인이 찾아와 참선하고 있는 구지선사를 빙빙 돌며 하는 말이, "제가 스님 주위를 빙빙 도는 이유를 아시겠습니까?"라고 묻더라나. 구지선사가 그것을 어떻게 알겠어? 그래서 대답을 못했더니 그 여인이, '그 정도 실력으로 무슨 도를 닦았다는 거야.'라고 비웃으며 떠났다는 거예요. 구지선사는 개망신 당한 것이죠. 자신의 수준이 그 정도였나 하고 좌절하면서 다음날 죽으려고 했더니,

꿈에 보살이 나타나 내일 자신이 가서 해결해준다고 하는 거예요. 다음 날 보살이 나타나서 구지선사에게 자신의 주위를 빙빙 돌게 하고, 그 여인이 했던 말을 그대로 하게 하였어요. 그랬더니 그 보살이 갑자기 검지 손가락을 딱 치켜세우는 것이에요. 그 순간 구지선사, 대오각성했다는 이야기예요.

저는 구지선사의 이야기를 좀 천박하게(?) 해석해요. 선불교의 화두話頭를 논리적으로 이해하기는 어렵죠. 하지만 이 화두는 남녀상열지사男女相悅之詞를 빗대어 깨달음을 말한 것이 아닐까 해요. 남녀의 합일合一, 무엇을 의미하는지 아시죠? ^.^ 여기에서 유추하여 삼라만상과의 합일合一이 바로 깨달음이라는 것을 말하는 것이 아닐까요?

구지선사는 깨달음을 구하러 오는 이들에게 아무런 말도 없이 검지 손가락을 딱 세웠다고 해요. 만약 당신이 흉내 내려면 손가락을 잘 세워야 할 거예요. 검지 손가락 대신에 가운데 손가락을 세우면 큰일 나요. ^.^ 깨달음을 뜻하는 최고의 표시가, 상대방에게 최악의 욕을 퍼붓는 손가락으로 돌변하죠. 손가락 하나로 천상에서 지옥으로 왔다 갔다 할 수 있으니, 저도 이 부분을 쓰면서 '손가락 하나의 깨달음'을 얻었죠. 참으로 세상 살기가 쉽지 않아요.

우리나라 교육제도는 청소년들의 자유를 지연시키죠. 자유가 지연되면 당연히 섹스도 지연되죠. 어른과 똑같은 육체적 욕망을 갖고 있는데, 어른으로 행세할 수 없는 사회체제에 갇혀 있어요. 『88만원 세대』는 이 점을 처음으로 지적하였고, 우리에게 퍼뜩 생각의 전환을 가져다 준 것 같아요. 우리나라에서는 10대 뿐만 아니라 20대 초중반, 나아가 20대 후반에도 동거가 쉽지 않아요. 몸은 어른임을 당당히 말하는데, 그것을 실현할 수 없는 사회시스템, 이것의 해결은 정말 난감해 보여요.

첫사랑과 달리 20대의 연애는 섹스라는 육체적 욕망을 수반하죠. 그런데 원나잇스탠드 식으로 아무나 만나 풀고 해소할 수는 없어요. 자신의 몸은 누군가를 만나 앞으로 백년해로해야 할 거룩하신 몸이죠. 물론 남자도 마찬가지예요.

그래서 이러한 모순을 해결하기 위해서는 '연애 따로 결혼 따로'라는 생각부터 버려야 하지 않을까요? 연애 기간 중 상대방을 평생의 배우자로 서로가 생각한다면, 섹스는 두 사람 사이에 자연스럽게 들어올 거예요. 당신의 삶에 가장 소중한 인연이 될 평생 배우자를 만나기 위해, 우리 사회는 그렇게 자유와 섹스를 지연시키고 있나 봐요.

남자의 성적 욕망은 직설적이죠. 그래서 연애 시절 섹스는 남자 쪽에서 요구할 가능성이 높아요. 만약 사귀는 남자가 조급하게 섹스를 요구한다면 여자는 생각해야 해요. 이 남자가 당신의 평생 배우자로서 인품과 자질을 갖추고 있는가? 그런 확신이 안 든다면 유보하는 게 좋아요. 남자가 참지 못하고 강제성을 띠려고 할 경우에는 사귀는 것을 심각하게 고민해야 하지 않을까요? 앞으로 살아가면서 참아야 할 일이 얼마나 많은데, 서로 인정해주어야 할 게 얼마나 많은데…….

저는 안사람과 연애 시절에 1년이 넘도록 존대말을 하였어요. 물론 내가 나이가 많은 연상이죠. 그런데 그 후 저에 대한 존대말이 사라지더니, 안사람은 지금까지 저에 대해서 명령식 '하게체'만 사용하고 있어요. 그래도 저는 꿋꿋이 참고 있어요.

유전자만 대물림하는 것이 아니다

미국에서 알콜 중독자를 치유하는 과정에서 알아낸 것이 있어요. 알콜 중독자뿐만 아니라 가족 전체가 알콜 중독 치유 프로그램에 같이 참여해야 한다는 점이에요. 처음에는 알콜 중독자(예를 든다면 아버지)를 치유하여 가정으로 보냈어요. 그런데 그 후 그 집안을 관찰하였더니, 그런 집에서 오히려 이혼이 더 늘어났다는 거예요.

왜 그런가 조사해보니까, 다른 식구들이 치유된 아버지에 견디지 못하더라는 것이죠. 가족의 다른 식구들이 알콜 중독이었던 아버지에 정서적으로 맞추어져 있었기 때문에, 오히려 정상으로 돌아온 아버지를 견디지 못한 것이죠. 그래서 알콜 중독자가 있는 가정에서는 가족 전체가 치유를 받아야 한다는 거예요.

암검사를 할 때는 집안에 암에 걸린 사람이 있었는지 집안 내력도 조사해요. 특정 유전자가 그런 암 발생에 관여한다고 믿기 때문이죠. 그런데 유전자만 다음 세대로 이어지는 것이 아니에요. 어렸을 때부터 장기간에 걸쳐 형성된 집안 분위기나 가정 환경도 다음 세대에 이어질 가능성이 커요.

알콜 중독 치유 프로그램에서 확인할 수 있는 점은, 정상적인 가족조차도 비정상적인 알콜 중독 아버지에게 정서적으로 결합되어 있다는 거예요. 즉, 겉으로는 정상적이지만, 정서적으로는 알콜 중독자에게 의존하고 있는 것이죠. 그래서 이런 아이들이 커서 배우자를 만날 때, 알콜 중독자나 그런 환경에서 자란 사람을 또다시 만날 가능성이 크다는 거예요. 그리고 힘든 상황이나 고통스러운 일이 닥치면 그 자신도 알콜 중독에 빠질 가능성이 크구요.

도킨스의 『이기적 유전자』에서는 DNA라는 생물학적 요소 말고도, 후천적인 문화적 요소도 유전된다고 하였죠. 이것을 '밈Memes'이라고 하고, 문화적 유전자로 불렀어요. 문화도 두뇌에서 두뇌로 다음 세대에게 전해진다는 것이죠.

저는 '밈Memes'의 개념을 '업보業報'라는 말로 이해하고 있어요. 무엇이 원인이 되어 어떤 결과가 나온다는 동양의 인과응보 개념으로 해석하는 것이죠. 그렇다고 전생에서 했던 일들이 다음 생으로 이어진다는 불교의 업業 사상까지 나아가는 것은 아니에요. 오히려 사람이 살아있을 때 그런 업이 작용하는 거예요. 즉, 어린 시절에 겪은 경험과 가정-사회 환경들이 나중에 성인이 되어 어떤 결과를 가져온다고 보는 것이죠.

연애 시절에 업業의 확인과 치유가 필요하다

가정폭력이나 알콜 중독 문제는 잘 드러나지 않아요. 가정 내에서 일어나는 개인적인 문제로 생각하기 때문에 사회적으로 잘 알려지지 않죠. 그런데 이런 문제가 사건 당시의 문제로만 그치는 것이 아니라, 다음 세대의 자식들에서도 일어날 수 있어요. 어렸을 때 그런 모습을 지긋지긋해하고 자신은 절대로 그렇지 않겠다고 다짐하여도, 어른이 되어서는 쉽게 그런 행동을 할 수 있는 거예요.

20대나 30대에는 젊고, 아직 인생의 심각한 시련이 닥치지 않았기 때문에 이런 성향이 잘 드러나지 않을 수 있어요. 그러다가 감당하기 어려운 시련이 올 경우에 이런 성향이 두드러지게 나타날 수 있어요. 그래서 연애 시절에 자기 자신과 상대방의 성향을 확인할 필요가 있는 것이죠. 어떤 문제가 있다면 지금부터 치유해나가야 할 거예요.

인내심을 약화시키고 감각적 자극을 쏟아 붓는 환경이 우리 삶에 자리 잡고 있잖아요. 누구나 다 중독의 문제를 안고 살아가야 할 운명이 된 것이죠. 그런 중독의 위험성을 자각하고 자신의 삶을 통제해 나가지 않으면, 앞으로 삶이 순탄하지 않을 수 있어요. 결혼을 앞둔 청춘남녀들이 꼭 기억해 두었으면 하는 부분이죠.

도덕적 인간
– 출세의 **필수 조건**

개인의 사생활 비밀은 더 이상 없다

국회의원 정주일. 코미디언 이주일의 진짜 이름이고 또 다른 직함이죠. 노태우 정부 마지막 해인 1992년 3월에 14대 총선이 있었죠. 이주일은 현대그룹 정주영 회장이 이끄는 국민당 후보로 구리시에 출마하여 국회의원으로 당선되었던 거예요.

그 전에 국회의원 후보등록을 앞두고 이주일은 홍콩에 다녀왔어요. 혼자서 간 것이 아니라 안기부 요원과 같이 갔다 온 것이죠. 구리시 여론조사에서 이주일이 1위로 나오자 국회의원 출마를 막기 위해서였던 것이에요. 일주일 정도 후에 김포공항에 입국할 때 기자들의 질문이 쏟아졌어요. "몇 달 전에 내가 아는 사람에게 1,000원을 빌리고 그것을 까맣게 잊고 있었는데 그런 것까지 다 알고 있더라." 당시 일간지 정치면 가십란에 조그맣게 실린 이주일의 말이 지금도 저의 머릿속에 남아 있네요.

어쩌면 저도 누군가에 의해 하루하루 일과가 적혀지고 어디에 보고되어 보관되고 있는지도 몰라요. 누군가 키득거리며 '이 자식, 또 이 사이트에 들어갔구만' 하면서 자기들도 들어갈지도 모르겠어요. ^^ 대중들에게 영향을 미치는 인물이라면 그 사람의 일거수일투족은 아주 가까운 거리에서 '관찰'되고 있을 거예요. 우리나라는 옛날부터 감시 체계가 발달했잖아요. 조선 시대에는 호패제도가 있었고 일제 시대에는 악명 높은 고등계 형사가 있었죠. 범죄자가 아닌 일반인도 손가락 10개 지문을 국가기관에 제공하는 나라는 전 세계에서 우리나라가 유일무이하다는 이야기도 있죠.

정보화 사회가 되면서 더 이상 개인의 사생활을 비밀로 지킬 수 없는 상태가 된 것 같아요. 에드워드 스노든이라는 미국 정보요원은 미국 국가안보국NSA의 비밀감청을 폭로했잖아요. '프리즘'이라는 프로그램을 통해서 일반 개인뿐만 아니라 다른 나라의 국가원수도 도청한다고 하니까 정말이지 정보사회의 빅브라더Big brother가 출현한 것 같아요. 네티즌들의 신상털기는 이것에 비하면 애교에 불과하죠.

'나하고는 상관없어. 잘나가는 것도 아니고 신상을 털어봤자 별거 없잖아.' 이렇게 마음 편히 먹는 것도 괜찮은 생각일 거예요. 그런데 다시 한번 고려해볼 필요가 있어요. 어쩌면 내가 뜰지도 모르니까. 내가 꿈을 갖고 그것을 실현시킨다면 여러 사람들에게 알려질 테니까. 그러면 나의 도덕성이 시빗거리가 되고 신상털기가 시작될 수도 있어요. 내가 사람들에게 꽤 알려진 다음부터 도덕성을 갖추는 것은 이미 늦을 수 있어요. 왜냐하면 나의 과거는 이미 존재하기 때문이죠.

그렇다고 성인군자나 성직자 수준의 도덕성을 갖출 필요는 없어요. 최소한 법적으로 문제가 없고 남에게 손가락질 당하지 않을 도덕성을 갖추고 있어야 해요. 공적인 영역뿐만 아니라 사적인 영역에서도 도덕성을 갖추어야겠지요. 특히 고위 공무원이나 사회적 공인으로서 출세하기 위해서는 이러한 최소한의 도덕성을 갖추는 것이 필수예요.

비도덕적인 인간에 의해
도덕적인 체하는 사회에서 살아남기

우리 사회는 경쟁이 매우 치열하죠. 일자리는 물론 사회적 지위도 제한적이어서 경쟁에서 승리한 사람에게만 혜택이 돌아가죠. '승자독식' 사회인 거죠. '일등만 기억하는 더러운 사회'라는 멘트는 이러한 승자독식을 풍자하는 거잖아요. 경쟁과 결과만 중시하기 때문에 사람들이 노력하고 준비하는 과정은 알아주지 않아요. 어떤 수단을 통해서라도 결과만 나오면 되니까 도덕성이나 절차 문제도 대수롭지 않게 생각하는 것이죠.

사회 지도층에 오르는 것은 하늘의 별따기에요. 일단 여기에 오르게 되면 돈과 권력이 보장되죠. 사회 지도층은 그에 걸맞는 엄격한 도덕성이 요구되지만 말로만 그럴 뿐 실제로는 온갖 편법과 불법이 있어도 이들은 그냥 넘어가고 있어요. 청문회 등을 보면 알잖아요.

우리 사회는 유교의 영향을 받아서 그런지 겉으로는 높은 도덕성을 요구하고 있어요. 하지만 이러한 것들은 일반 국민들에게만 적용될 뿐 사회

지도층에게는 피해가는 것 같아요. '비도덕적인 인간에 의해 도덕적인 체하는 사회'의 모습을 띠고 있는 것이죠. 스스로는 지키지 않으면서 다른 사람들한테는 지켜야한다고 강요하고 있는 거예요.

그런데 '형식이 내용을 결정한다.'는 말이 있잖아요. '도덕성과 법의 엄격한 적용'이라는 형식이 점차 실제의 내용을 채워나갈 거예요. 시간이 지나면 지날수록 이러한 도덕성과 법적인 요건들이 사회 지도층들을 더욱 도덕적으로 만들어 나갈 거예요. 그래서 우리 사회에서 출세하기 위해서는 스스로 도덕성을 갖추는 것이 정답이에요. 당신의 약점을 잡으려 들 때 약점 자체가 없으면 되니까요.

도전

나아가야 할 곳은 '나'가 아니라 사회이다

열정을 불태우기 전에 나아가야 할 곳을 먼저 찾아보라. 목표를 세우기 전에 먼저 사회에 도전하라. 사회에 나아가서 부딪치고 도전하는 와중에, 목표도 점차 분명해지고 열정도 두 배로 올라간다. '나'에게서 벗어나 사회를 일찍부터 부딪치면 부딪칠수록 기회의 폭도 넓어지고, 성공의 가능성도 높아진다. 현실의 폭과 깊이는 앉아서 생각하는 것과 무척 다르다. 사회 현실의 폭과 깊이는 부딪쳐 보아야 알 수 있다.

한 길을 파고드는 자,
여러 길을 섭렵하는 자

서당개도 3년이면 풍월을 읊는 프로가 된다

중학교 때 기독교 학교를 다녔기 때문에 성경 공부 시간도 있었고 전교생이 모여 예배 보는 시간도 있었어요. 중학교 1학년 때 일이에요. 그 날, 예배 시간 목사님의 설교 주제는 '좁은 길'이었어요. "좁은 길로 가라." 학교 수업을 마치고 친구와 둘이서 정문을 나오는 중이었지요. 다른 학교와 마찬가지로 대문이 있고 수위실 바로 앞에 사람 한두 명 다닐 수 있는 작은 문이 있었어요. 집으로 가는 길이 작은 문 쪽이어서 학생들이 작은 문으로 몰렸지요.

"큰길로 가자."

라고 제가 말했지요. 번잡한 것을 피해서 10m정도 돌아가자는 말이었어요. 그런데 친구가 우스개로 말하더군요.

"오늘 목사님이 말했잖아, 좁은 길로 가라고."

"요새는 넓은 길이 좁은 길이야."

역설적인 나의 말에 친구는 어떤 의미를 깨달았는지 몇십 년이 지난 다음에도 두세 번 이렇게 말하더군요. 너, 그때 뭔가 의미 있는 말을 했어. ^^

살면서 넓은 길에서 이리로도 가보고 저리로도 가보면서 문득 다른 사람들은 어떻게 사나 곁눈질해 보면 좁은 길에서 끝까지 달려가는 사람도 있지요. 저는 말이 씨가 되었나, 넓은 길에서 왔다리 갔다리 하며 이런 기회 저런 기회를 찾아 참으로 많은 일을 했던 것 같아요. 정년이 보장되는 정규직으로 들어가는 것이 바늘구멍이 된 지금의 상황에서, 많은 청춘들은 왔다리 갔다리 하면서 여러 일을 할 거예요. 이러한 '왔다리 갔다리' 운명에서 살아남는 방법은 이 분야 저 분야에서 프로가 되는 거예요. 프로가 되는 데에는 3년이면 충분해요. '서당개 3년이면 풍월을 읊는다.'는 우리 속담은 이것을 정확히 보여 주고 있다고 생각하죠. 그래서 "서당개도 3년이면 풍월을 읊는 프로가 된다."로 고치면 우리 시대에 어울리는 경구警句가 되리라 생각해요. 우리가 어떤 분야에서 20년, 30년 파고들어야 프로가 되는 것은 아니에요. 이 일 했다가 저 일 했다가 기회를 만들어가는 인생에서 어떤 분야에 들어가면 최소한 3년은 노력하면서 견뎌보는 거예요. 그리고 나서 그 길이 정말 자기 발전의 상승 기회를 주는지 확인해 보아야 하는 것이죠.

저의 삶은 되돌아보면 기본적으로 3년이라는 시간 단위로 한 분야에 집중했던 것 같아요. 그러다가 우여곡절 끝에 학생들을 가르치는 학원계와 사교육 시장에 들어왔죠. 들어와 보니 저보다 나이 어린 분들이 대강사로 있고 학원 원장으로 있는 거예요. 이 자리를 빌어서 당시 저를 채용해주신 분들에게 감사의 말을 드리고 싶어요. 얼마나 제가 어려웠겠어요?

2000년대 중반 정부가 사교육 억제 정책의 일환으로 EBS교재 사용을 강화하자 교육 출판사들이 곤경에 빠지게 되었죠. 당시 저는 강사보다는 저자로 나서 볼까 생각하고 있었고 지리 과목의 원고를 쓰고 있었어요. 제가 생각한 기획방향과 출판사가 생각한 기획방향이 잘 맞아 떨어지고 또 출판사에서 마침 새로운 저자를 찾고 있는 중이어서 저의 원고가 『한국지리보감』이라는 책으로 출간되었지요. 책이 출간되고 나서 경영진의 한 분이 이런 이야기를 하였다고 해요. "저자가 지리 전공이 아니라면서?" ^^ 당혹감과 놀라움이었을 거예요. 그래요. 프로는 전공과 상관이 없어요. 프로는 학력과도 상관이 없구요. 그 분야의 책을 100권만 읽으면 전문가가 된다고 하잖아요. 저는 100권까지도 필요 없다고 생각해요. 10권만 제대로 읽고 실무 3년 정도로도 누구에게 뒤지지 않는 프로가 될 수 있는 거예요. 『한국지리보감』은 성공하지 못했지만 인터넷 서점에 남긴 독자의 서평에 감격하였어요. 절판이 되어 책 구하기가 매우 어려웠던 모양이에요. "겨우 구한 목숨과 같은 책!" 저는 이 한마디에 모든 보상을 다 받았던 것 같아요. 지금도 알라딘 서점에서 이 서평을 찾아볼 수 있을 거예요.

3등 4등도 먹고 산다, 아니 나머지도 먹고 산다

먹이를 찾아 떠도는 하이에나처럼 이런 일 저런 일을 해나가는 과정은 사람을 매우 피곤하게 만들고 지치게 하죠. 비정규직이나 임시직으로 일하면 생활이 매우 불안정하죠. 지금 당장의 경제적 문제도 그러하지만 앞으로의 미래를 생각하면 더욱 암울해지고, 자신의 인생이 꼬였다고 생각하기 쉽죠. 전에 잘 나갔다고 생각하는 사람이든 아니면 나는 왜 항상 이러냐면서 머리를 쥐어박는 사람이든, 새끼줄처럼 비비 꼬인 자신의 인생을 탄식할 수 있어요. 저는 그것이 비비 꼬인 인생이 아니라고 힐링투로 말하고 싶지 않아요. 그것이 노력 부족이라고 말하지도 않을 거예요. 왜냐하면 당사자에게 너무 힘든 현실이고 노력하지 않은 게 아니기 때문이죠. 저도 그런 삶의 연속이었기 때문에 잘 알아요. 그렇지만 '삶이란 그런 거야' 라고 가볍게 툭툭 쳐 나가면 자신의 마음을 다독거릴 수 있을 거예요. 자신이 선택한 길에서 최선을 다해 애를 써보면 어떤 길이 나오더라구요.

승자독식 사회에서는 승자만이 모든 것을 다 차지하는 것처럼 보여요. 승자만이 먹고 사는 것처럼 보이죠. 그러나 실제로는 3~4등과 그리고 더 많은 그 이하의 사람도 먹고 살고 있어요. 우리 사회에서 부풀려지고 있는 소비 수준이나 욕망 수준의 거품을 빼면 먹고 살 수 있는 방안은 있게 마련이에요. 그리고 앞으로는 승자에게 주어지는 수많은 특권도 점차 없어질 거예요. 마치 쌀을 씻을 때 처음에는 뿌연 뜨물이 잔뜩 생기지만 점차점차 희석되어 맑은 물로 밥을 할 수 있는 것처럼 말이죠.

기회를 찾아서 이런 일 저런 일을 하다보면 사람이 어쩔 수 없이 '계산적'으로 되는 경향이 있어요. 자기에게 기회가 올 수 있는 분야를 찾게 되는데 이런 경향은 다른 사람에게도 마찬가지이죠. 그러다 보면 사람들이 많이 몰리는 '좁은 길'에 들어서게 되고 사람들이 잘 가지 않는 '넓은 길'을 버리게 되죠. 좀 더 안정적인 분야를 생각하게 되고 가장 수요가 많은 부분을 찾는 것이죠. 또 우리 사회에서 돈이 계속 흐르는 분야에서 경제활동을 하려고 해요. 그러다 보면 일할 부분은 상대적으로 쉽게 찾을 수 있지만 수많은 사람과 경쟁하면서 각박하게 살아가야 하지요. 자신의 입지를 세울 수 있으리라 생각하고 시장조사를 해보면, 벌써 누군가 선점하고 있어서 비집고 들어가기가 쉽지 않아요.

이와 같은 좁은 길에서 살아남는 방법은 자신이 프로가 되는 거예요. 자신이 프로가 된다고 하여 모든 게 술술 잘 풀려가는 것은 아니에요. 프로 골프선수가 된다고 해서 대회에서 우승하거나 잘나가는 것은 아니잖아요? 자신이 그 분야에서 프로가 된다고 하더라도 1등이 되는 것은 아니죠. 이 점만 기억한다면 당신이 여러 분야를 섭렵하고 이길 저길 떠돈다고 한탄할 필요는 없어요. 40대 중반이나 후반까지 여러 분야를 거치더라도 평생 자신을 보장해 줄 토대를 마련할 수 있을 거예요.

| 인생 천 리 길 한 방향으로 갈 때 유의할 점

한 방향으로 가든 여러 방향으로 왔다리 갔다리 하든 꼭 이 점을 생각해 보았으면 해요. 지금 가고 있는 이 길이 당신이 평생 가고자 하는 길인가 또 평생 갈 수 있는 길인가 질문을 던져보라는 이야기에요.

이 글을 쓰면서 오비맥주 사장 장인수 씨를 알게 되었어요. 물론 인터넷 기사를 통해 저 혼자 알게 된 것이죠. ^.^ '고졸 출신의 영업의 달인[고신영달]'으로 사장 자리에 오르기까지 이 분의 사회생활을 상상해 보다가 퍼뜩 깨달은 게 있어요. '이 길이 내가 평생 가고자 하는 길인가?'라는 문제의식이 있었기 때문에 영업의 달인이 되고 나아가 사장 자리까지 오르지 않았을까 생각했던 것이죠. 다시 말하면 제가 살아오면서 이 같은 질문을 던진 적이 있었나 하고 반문을 하였던 것이죠. 안정적인 직업을 가져본 적이 별로 없어서 그랬을 수도 있겠지만 이런 문제의식이 없었던 것을 알게 된 것이죠. '아, 맞아. 이런 질문을 처음부터 했더라면~~.' 이런 생각이 들더라니까요. 자신이 가는 길에 확신이 서지 않는다고 하여도 이런 문제의식을 갖고 있다면 굉장히 많은 것을 배우고 경험할 수 있을 거예요. '꿈은 이루어진다'는 소망 대신에 '이 길이 평생 가고자 하는 길인가'라는 문제의식으로 바꾸어 놓으면 당신의 치열함은 배로 늘어날 거예요.

공무원이나 대기업이 아닌, 안정적인 직장이 아닌 곳에서 한 길을 파는 경우도 있어요. 이것은 남들이 잘 가지 않는 '넓은 길'로 간다는 것이고, 그래서 출세의 기회도 적고 경제적 보수나 사회적 지위도 낮을 거예요. 사회구조나 트렌드가 변하면 이러한 분야의 일들은 쉽게 사라질 수 있기 때문에 이런 길은 불안정하기도 하죠.

그래서 이 길이 정말 사회적으로 가치가 있나를 살펴보면서 자신의 신념을 다시 세워야 할 거예요. 경제적 어려움도 크기 때문에 자신이 그것을 감당할 수 있는지 생각해 보아야 하고, 소비 수준이나 욕망 수준도 높이지 않도록 해야 하지요. 그리고 자신이 선택하는 분야가 정말 하고 싶은 일인지 살펴보는 것도 필요해요. 잘하는 것과 하고 싶은 것을 구별하라고 하지만 보통의 경우 하고 싶은 것이 잘할 가능성이 크죠. 이런 어려운 길을 20~30년 버티면서 꿋꿋하게 걷다보면 당신이 생각하지 않았던 자신의 사회적 지위를 확인할 수 있을 거예요.

공무원이나 대기업의 안정적 직장에서 한 길을 파든 아니면 남들이 잘 가지 않는 한 길을 파든 염두에 두어야 할 점이 있어요. 인생의 천 리 길을 처음 떠날 때에는 신발끈도 여미고 짐도 챙기며 마음가짐도 새롭게 하죠. 그렇게 성실하게 걷다보면 어느덧 인생 천 리 길의 중간이나 후반부를 지나게 되죠. 이때 '유혹'을 조심해야 할 거예요.

나는 타박타박 걷고 있는데 다른 사람은 말이나 가마를 타고 나를 앞지르는 거예요. 권력과 부를 쥐고 당신을 비웃으면서 앞지르는 것을 보면 자신은 초라해 보이고 회의감이 들 수 있어요. 그리고 실제로 말이나 가마를 주면서 갈아타라고 유혹하죠. 이러한 유혹에 적어도 비루하거나 추하지 않은 선택을 하는 게 필요해요. 남에게 손가락질 받으면서 추한 선택을 하는 경우를 종종 보게 되죠. 그냥 타박타박 걷는 것만도 못한 선택을 하는 거예요. 자기 마음에 빈틈을 남기면 이런 유혹에 쉽게 넘어갈 수 있어요. 그래서 '처음처럼' 초심으로 돌아가는 자세가 필요하고, 마음에 어떤 틈을 남기지 않도록 해야 할 거예요.

'나하고는 상관없는 일이야'라고 생각하지 마세요. 자신을 '루저'라고도 생각하지 마세요. 인생 천 리 길 첫발을 내딛는 당신에게 언젠가 사람들이 박수치고 지지해줄 거예요. 열심히 사는 당신에게 그런 기회와 '유혹'이 충분히 있을 수 있는 것이죠.

'성격 개조'라는 말의 무서움

선한 본성을 거스르고 살아야 할 만큼 각박한 사회현실

"사람은, 모르는 사람들 사이에서는, 자기 성격까지도 마음대로 골라잡을 수도 있다고 믿는다. 성격을 골라잡다니! 모든 일이 잘될 터이었다." 최인훈의 『광장』이라는 소설 끝 부분에 나오는 장면이죠. 주인공 이명준이 거제도 포로 수용소에서 석방되어 남도 북도 아닌 제3국을 선택하여 인도로 가는 배 안의 장면이죠. 인도에 가서 어떻게 살까 생각하면서 속으로 독백하는 거예요.

'새 사람이 되기 위해' 성격을 골라잡는다는 말처럼 무서운 게 있을까요? 모든 일이 잘될 거라는 말은 극도의 반어적反語的 표현이죠. 잘되기는 개뿔, 목숨만 부지하고 그냥 맹목적으로 사는 거죠. 그렇게 살기 위해서 본성을 버리고 악마까지 될 수 있다는 이야기예요. 될 대로 되라며 체념하는 상황에서 그리고 자신의 정체성이 완전히 무너진 상태에서는 사람이 무엇이든 못할까요?

저도 성격을 개조해야겠다고 생각한 적이 있었어요. 장사를 해보겠다고, 3~4개월 단위로 이것저것 해보면서 모르는 사람을 만나가면서 할 수 있는 장사를 찾아보려고 몇 년을 여기 저기 기웃거린 적이 있었지요. 이때 이런 생각을 했던 거죠. 먹고 살기 위해 또 살아남기 위해, 나의 성격을 개조해야겠다고 생각한 거죠. '성격을 바꾸어야만 먹고 살 수 있겠어.'라고 친구 앞에서 내뱉기도 했어요.

자본도 없고 경험도 없고 조직도 없이 나홀로 사업을 해보겠다고 한다면 그것은 거의 좌판 수준의 장사일 거예요. 100원, 1000원의 이득을 남기기 위해 거추장스러운 감정이나 알량한 윤리의식을 버려야 하죠. 자신을 덮고 있는 이런 외투를 벗어던지고, '알몸'으로 다른 사람과 부딪히는 것을 꺼려하지 않아야 해요. 물건 값을 깎으려 드는 손님 앞에서 '내가 너무 높게 불렀나?' 하고 주저주저하는 고민을 얼굴에 드러내서도 안 돼요. 장사에 도가 튼 어떤 분이 나의 이런 모습을 보고서, '당신, 장사하면 안 되겠네!'라고 지적하였죠. '이 길이 나의 길이 아니구나'라고 확인하고 다른 일을 찾아 나섰죠. 성격 개조에는 실패했지만, 다행스럽게 악마는 되지 않았어요. ^^

사회 밑바닥에서 빡빡한 인간 모습은 '악마적'이라기보다는 '양아치적'이죠. 영화에서 자주 볼 수 있잖아요. 반면 상층에서는 악마적인 모습으로 나타나죠. 뉴스나 드라마에서 자주 접하는 것처럼.

우리 사회는 경쟁이 극심한 사회여서 부와 권력과 사회적 지위가 있는 자신에게 누군가 도전해오는 것을 참지 못하는 것 같아요. 자기 것을 지키느냐 빼앗기느냐 라는 이분법의 사고방식이 작용하는 것이죠. 그래서 상층으로 올라갈수록 냉혹과 냉혈이 더 요구되는 것 같아요. 단순히 한 개인의 문제가 아니고 자신이 속한 집단의 생존과 결부되기 때문이죠. 여기냐 저기냐 편가르기 문제가 개입되면 더더욱 심해지죠. 출세하려고 개인이 과욕을 부리고 오버하는 경우도 있지만 시키는 대로 할 수밖에 없는 상황이 만들어지는 경우도 많죠.

사람이 완장을 찼을 때 냉혹과 냉혈의 존재로 변할 수 있다는 것을 초등학교 4학년 때 경험하였어요. 지금도 그 얼굴이 잊혀지지 않고 저의 마음을 서늘하게 하죠. 무표정한 얼굴에 약간의 냉소를 머금으며 말없이 나의 검정고무신을 빼앗던, '주번' 완장을 찬 6학년 선배의 모습!

제가 다녔던 초등학교는 새로 설립한 학교였어요. 산 중턱을 깎아서 학교를 세웠기 때문에 곳곳에 비탈들이 있었죠. 개구진 초등학교 아이들에게는 신나는 미끄럼 놀이터이기도 했죠. 흙들이 무너져 내리니까 미끄럼 타는 것을 막기 위해서 그 주의 주번활동은 '미끄럼 타는 학생 신발 뺏기'였어요. 6학년 선배는 조금 알고 있던 형이었어요. 그래서 저는 이렇게 생각했죠. 고무신을 돌려주면서 '다음부터 그러지마'라고 할 줄 알았어요. 그렇게까지 할 줄은 몰랐던 것이죠. 순박한 아이 마음에 세상 일이 새겨지던 시절, 아픔과 두려움을 안겨준 사건이었어요.

인간 유형을 바꿈으로 자신의 운명을 만난다

자신의 선천적인 본성을 거스르고 살아야 할 만큼 사회현실은 각박하지만, 그렇다고 자신이 악마가 될 수는 없잖아요. 각박한 사회현실에 다르게 적응하여 살아갈 방도는 없을까요? 저는 있을 거라고 생각해요. 인간 유형을 바꿈으로써 그것이 가능하다고 생각해요.

'인간 유형을 바꾸는 거나 성격을 개조하는 거나, 그게 그거 아닌가?' 이렇게 생각할는지 모르겠네요. 그런데 성격 개조라는 말에는 서슴지 않게 악을 행하는 파렴치를 포함하고 있다고 생각해요. 경쟁 속에서 자신이 살기 위해 타인을 파괴할 수 있죠. 그래서 성격 개조는 타인을 파괴하는 것으로 귀결될 수 있어요.

그렇지만 인간 유형의 변화는 자신의 약점을 극복하고 다른 사람을 파괴하는 것 없이 자신의 적응력을 높여나가죠. 나아가 경쟁을 완화하고 다른 사람과 더불어 사는 방식도 나타날 수 있어요. 그래서 인간 유형을 바꾸는 과정에서 당신의 운명과 만날 수 있다고 생각해요.

남 앞에서 쭈뼛거리며 자신이 가진 것 10개 중에서 2개도 제대로 드러내지 못하는 내향적인 사람이, 당당하게 10개 이상을 드러낼 수 있는 외향적인 사람으로 바뀌는 것! 생각 없이 이것저것 벌려나가기만 하던 사람이 차분하게 뒷수습도 잘할 뿐만 아니라 관리와 기획도 척척 해내는 것! 맨날 다른 사람의 뒤꽁무니만 따라다니던 사람이 이제는 앞장서서 책임을 지고 사람들을 이끌고 나가는 것! 이런 인간 유형의 변화는 어찌 자신의 운명과 만나지 않겠어요?

10년마다 운이 바뀐다는 말, 또 하게 되네요. 대운이 들어 그 사람의 운명을 바꿔놓기도 하죠. 생애의 주기를 따져보더라도 10년 단위로 삶의 조건이나 상황이 변하는 것 같아요. 변화된 상황 속에서 자신이 어떤 결단을 내려야만 한다면, 자기 존재의 변화 없이 결단을 내릴 수 있을까요? 그럴 수는 없을 거예요. 그래서 운명 속에서 존재의 변화와 인간 유형의 변화는 필연적일 거예요. 운명은 지금까지의 삶의 방식과 태도를 변화하도록 강요하는 것이죠.

운명이 인간 유형을 바꾸기도 하지만, 스스로 인간 유형을 바꾸려고 함으로써 새로운 운명을 만날 수도 있을 거예요. 인간 유형을 바꾸기 위해서는 지금까지와 다른 태도로 임할 수밖에 없고 또한 새로운 상황에서 일을 만들어 나가야 하는데, 그러다 보면 또 다른 가능성들이 생기고 또 다른 기회들이 나타나는 것이죠.

맨땅에 헤딩하기

사람 만나는 데 두려워 하지 마라

당신이 무엇인가 해보려고 맨땅에 헤딩하고 다니다 보면 낯선 사람과 만나게 될 거예요. 어떤 사람과는 단순히 정보만 확인할 것이고 어떤 사람과는 사업과 관련된 심도 있는 논의를 할 수 있을 거예요. 그렇지만 당신이 '을'의 입장에 서 있기 때문에 사람을 만나는 것 자체가 부담스러울 수 있어요.

그런데 여기저기 헤딩하면서 두세 사람 만나 이야기해보면 사람 만나는 일에 익숙해질 거예요. 어떤 사람은 자신을 인정해주니까 그것이 고마워서 좋은 이야기를 많이 해주기도 하지요. 대기업이나 큰 조직에 있는 사람은 바쁘기 때문에 만나기가 쉽지 않지만 전화로 '예쁘게' 물어보면 좋은 정보를 들을 수 있고 운이 좋으면 직접 만나서 심도 있는 이야기도 접할 수 있어요. 때로는 채용하는 기업에 그냥 이력서만 제출하기 보다는 담당자의 이야기를 직접 들을 수 있으면 좋을 거예요. 이번 채용의 목적이 무엇인지 기업의 의도를 알 수 있고 그 기업의 분위기도 알 수 있을 거예요.

자신의 처지가 절박하다면 일을 만들어가기 위해 누구라도 만날 거예요. 사람 만나는 데 쭈뼛쭈뼛 거린다면 아직 자신의 처지가 절박하지 않아서 그럴 수도 있어요. 고등학교 때 이런 경험을 한 적이 있어요. 고1에서 고2로 올라갈 때였어요. 아버지의 권유로 별 생각 없이 이과를 선택했다가 곰곰이 생각해보니 이건 아닌 거예요. 그런데 이것을 담임선생님께 말씀드리고 다시 바꾸어야겠는데 마침 겨울 방학이었죠. 지금이야 전화나 핸드폰으로 일을 처리할 수 있겠지만 당시에는 집에 전화를 가지고 있는 사람이 많지 않았어요. 학교로 연락해서 담임선생님 주소를 확인하고 직접 집으로 찾아 나섰지요. 골목골목 문패를 보면서 주소를 확인하고 드디어 담임선생님 집을 찾았어요. 그랬더니 "내가 그것을 담당하는 선생님이 아니다."라고 하시면서 생물 선생님께 말씀드리라고 하시는 거예요. 그래서 다시 한 번 생물 선생님 주소를 확인하고 찾아가 말씀을 드렸어요. 인생이 걸린 절박함 때문이었는지 맨땅에 헤딩하며 돌아다닌 기억이 나네요. ^^

우리 사회는 모든 것이 빡빡하게 들어 차 있어서 새로운 경제활동을 만들어내기가 쉽지 않아요. 그래서 새로운 경제영역을 창출할 수 있는 도전적인 인간을 우리 사회가 요구하는 것이죠.

우리나라는 GDP수준이 세계 15위 안에 들 만큼 경제대국이에요. 그 만큼 경제활동의 분야가 크고 넓다는 이야기에요. 비록 우리나라 경제구 조가 대기업 의존적이고 해외 의존적이긴 하지만 사회에서 이루어지고 있는 경제활동 분야는 넓고 다양해요. 그 안에 파고 들어가 자신의 활동 영역을 만드는 것이 필요해요. 몇 년씩 도서실에 파묻혀 공무원 시험 준 비만 하고 아니면 스펙 쌓기에 열중하다가 채용철에만 입사원서 넣는 사 람들이 우리 사회 현실을 어찌 알 수 있겠어요. 맨땅에 헤딩하며 낯선 사 람들을 만나 인간 관계를 갖는 것은 세상에 대해 견문을 넓히는 것이고 자신이 가고자 하는 인생길에서 기회를 만드는 과정인 거예요. 사회 구석 구석에서 생동감 있게 움직이는 활력을 자신의 기회 만들기로 활용할 수 있는 거예요.

원-원 전략이면 누구라도 만나 사업이야기를 할 수 있다

30대에 의류사업을 하겠다고 2년간 파고 든 적이 있었어요. 동대문, 남대 문 의류상가에 자리 잡아보려고 새벽 시장을 열심히 쫓아다닌 적이 있었 지요. 새벽 시장에 처음 갔을 때가 기억나네요. 새벽시장이라고들 해서 4 시 반, 5시 정도에 남대문 의류 시장에 가보았어요. 그랬더니 손님은 한 명도 없고 저만 돌아다니는 거예요. 가게 주인들은 누워서 자거나 밥을 먹기도 하고 그 날 영업을 정리하는 거예요. 그리고 저를 이상하게 쳐다보 는 거죠. 붕어빵에는 붕어가 없듯이 새벽 시장은 새벽에 열리지 않더라구요. ^.^ 밤11시부터 2시나 3시까지 열리더라구요.

　새벽 시장에서 소매로 옷을 한두 벌 사고 싶은 사람에게 팁을 드릴게요. 잘나가는 상가가 있어요. 먼저 그곳을 확인하세요. 그리고 밤12시나 1시 사이에는 그냥 구경만 하세요. 이 시간에는 옷가게를 운영하거나 쇼핑몰을 운영하는 사람들을 대상으로 판매하는 도매 장사 시간이에요. 괜히 한두 벌 사려고 주인에게 말붙이면 짜증내거든요. 그리고 사람들이 어느 옷을 사가는지 어느 가게의 옷들이 잘 나가는지 살펴보았다가 밤 2시 이후 도매 장사가 끝나고 나서 옷을 사도록 하세요. 도매가 끝나면 소매도 하기 때문에 가게 주인에게 대접 받으면서 옷을 살 수 있어요.

　2년 동안 시장 사람들을 만나면서 알게 된 점이 있어요. 상대방에게 이득을 줄 수 있고 나도 이익을 볼 수 있는 거라면 누구라도 접촉해서 사업이야기를 할 수 있어요. '나의 아이디어와 생각이 당신의 가게나 회사에 이러한 이익을 줄 수 있다.'라고 말하면서 사업차원의 거래나 관계를 만들 수 있어요. 이러한 제안으로 같은 사람을 최소한 2~3번 정도 만나 여러 이야기를 나눌 수 있죠. 그래서 시장 상황이나 트렌드를 분석하여 자신의 구상이 상대방에게 필요한 것인지 먼저 정리할 필요가 있어요. 그리고 만나서 이야기하다 보면 상대방으로부터 또 다른 생생한 정보를 얻을 수 있지요. 나의 생각과 아이디어만 상대방에게 주는 것이 아니라 상대방으로부터도 필요한 정보를 확인할 수 있는 거예요. 이런 것들이 진짜 사업으로 진행되는 것은 또 다른 문제이고 별도의 점검 과정이 필요하지만, 윈-윈할 수 있다고 생각한다면, "일단 한 번 만나보시라니까요."

　최근 방송에서 본 내용인데 생생하게 기억에 남는 게 있어요. 고등학교도 진학하지 못한 젊은 여자분이 여성 의류 인터넷 쇼핑몰 사업에서 성공한 이야기예요. 동대문 시장에서 옷을 구입하여 자신의 쇼핑몰에서 파는 것이죠. 새벽 시장을 돌아다니면서 판매할 옷을 고르고 구입하는 장면도 나오더라구요. 특이한 점은 젊은 여자분이 동대문 시장의 가게주인들로부터 샘플로 옷을 1벌씩만 구매하는 것이더군요. 도매 시장의 관례로는 있을 수 없는 일이죠. 도매 시장에서는 여러 벌의 옷을 현금으로 거래하거든요. 의류 사업에서는 재고 처리가 가장 어려운 문제인데 젊은 여자분이 이것을 이렇게 피해가더라구요. 무엇보다도 시장 상인과 그렇게 돈독한 관계를 맺고 있다는 점이 인상적이었어요. 그런 관계를 맺기까지 젊은 여자분이 어떻게 행동했을지 눈에 선하더라구요. 그리고 그 여자분의 '옷에 대한 실력'도 대단함을 느꼈어요. 팔리지도 않는데 누가 샘플로 자기 옷을 주겠어요?

맨땅에 헤딩하며 일을 만들어 가는 방법

먼저 당신이 하고자 하는 일에 진정성이 있어야 해요. 상대방에게 도움이 된다는 진정한 확신이 있어야 하지요. 상대방을 설득해서 일을 추진하기 위해서는 상대방의 마음을 얻어야 하는데 진정성으로 상대방 마음을 얻을 수 있어요. 손익관계를 따지는 것은 그 다음의 문제로 생각하세요. 이해관계에서 당신이 조금이라도 더 많은 이익을 갖는 쪽으로 일을 추진하게 되면 상대방으로부터 금방 간파당하죠. 상대방은 그 분야의 고수들이에요. 손익관계를 내세우면 그들의 머리는 순간적으로 주판알이 튕겨지면서 계산이 끝나버리죠. 그래서 손익관계보다는 진정성을 먼저 생각하는 것이 필요해요.

그 다음으로 자신의 구상이 상대방에게 도움이 되는지 안 되는지 판단을 여러 각도에서 해보는 거예요. 이것을 우리가 기획력이라고 하죠. 어떤 아이디어가 번뜩 떠오르면 그것을 중심으로 그 사업의 하나하나를 정리해보고 상황을 종합해 보는 거예요. 그냥 가만히 있으면 아이디어가 전혀 떠오르지 않아요. 그래서 여기저기 돌아다니며 여러 상황에 부딪치고 경험해야만 어떤 구상이 떠오르죠. 여기저기 맨땅에 헤딩하는 것은 이런 구상과 아이디어를 얻기 위해서도 필요한 거예요. 그리고 평소에 세상살이의 흐름과 변화 그리고 트렌드의 변화 등에 관심을 갖고 있으면 아이디어에 살을 붙여 종합해낼 수 있어요. 기획이란 것도 별거 아니에요. 기획에 대한 공부를 이론적으로 복잡하게 해보아야 결국 이것으로 돌아오는 것 같아요. ^^

또한 사람 사이의 인간관계도 잘 풀어가는 것이 중요해요. 특히 당신을 '껌' 같은 찐득찐득한 귀찮은 존재로 인식시켜서는 안 돼요. 낯선 사람과의 만남이 두세 번은 가능하지만, 새로운 단계로 나아가지 못한 상태에서 계속적인 만남이 이루어지면 그 사람은 당신을 '껌'으로 생각할 수 있어요. 친한 친구나 선후배 사이에서도 마찬가지예요. 처음에 한두 번은 도와주고 조언을 해줄 수 있지만 같은 상태가 계속되면 귀찮아 할 수 있고 관계도 끊어질 수 있어요. 물론 때에 따라서는 '껌'처럼 찰싹 달라붙어서 그 사람에 매달릴 필요도 있어요. 그 사람이 일을 성사시킬 열쇠를 갖고 있는 경우예요. 하지만 이 경우에도 그 사람의 실무적인 판단이 당신의 구상에 대해 호의적인지 아닌지 확인해야 해요. 더 이상 호의적이지 않고 'NO'가 분명하다면 더는 '구걸'할 필요가 없지요.

한 가지 더 말씀을 드리고 싶은 것은 일을 만들어나갈 때 돈이 들어가면 안 돼요. 돈 투자는 마지막에 하는 거예요. 2~3년 정도 그 분야에서 경험을 쌓고 시장 상황도 파악하여 자기가 할 수 있는 일을 명확히 한 다음에야 돈을 투자해야 해요. 고정 거래처도 확보하고 자신의 고정 고객을 만들어 놓은 다음에야 돈의 투자가 있어야 하지요. 누가 여윳돈이 있어서 투자하겠어요? '이것은 버리는 돈이다.'라고 생각할 돈은 하나도 없지요. 대출을 받거나 빚을 지고서 사업을 하기 때문에 그 사업이 실패하면 삶이 힘들어지는 것이죠. 그리고 여러 사람이 합쳐서 또는 연대해서 일을 해나가려고 할 때에도 돈을 서로 내야한다면 사람들이 부담을 느끼고 결국 그러한 조직은 깨질 수 있어요. 그래서 가능한 돈이 들어가지 않으면서 일을 만들어가는 것이 필요해요.

점포를 내서 사업 운영을 할 때 조심할 점

20대, 30대에 점포를 내는 경우는 극히 드물 거예요. 40대 후반이나 50대에는 사람들이 퇴직금이나 모아놓은 돈을 투자해서 자영업을 할 경우가 많을 거예요. 음식점이나 숙박업 등에 수만 명씩 창업을 하지만 수만 명이 망하고 물러나는 게 지금의 현실이죠. 통계상으로도 자영업의 몰락이 심각하다는 우울한 소식을 접하게 돼요. 경기가 침체되는 불황기에

‘내 가게 망하지 않고 운영하려면’ 어떤 점에 유의해야 할까요?

첫째, 당신이 가게를 내고자 하는 분야에서 3~5년 이상의 실무경험을 쌓고 시작해야 실패하지 않을 거예요. 누구나 다 이렇게 이야기하죠. 그런데 이것을 실천하지 못하는 이유가 있는 것 같아요. 40대나 50대까지 회사에 근무한 분이라면 상당한 직책을 갖고 있었을 것이고 부하 직원을 수십 명 거느렸던 사람일 거예요. 이런 분들은 식당의 점원으로 들어가 서빙하면서 주인이나 손님으로 온갖 욕을 들으면서 몇 년씩 참아내기 힘든 거예요. 그래서 처음부터 폼 나게 주인으로 나서고 인테리어 비용도 크게 들여 사람들에게 과시하고 싶은 거예요. 퇴직금을 쓰면서 가게를 차릴 때에는 좋을 거예요. 내가 돈을 내니까 누구나 와서 굽신거리죠. 가게를 차리고 영업을 시작하고 몇 달 지나면 퇴직금 다 날리고 적자에 허덕이다가 가게도 팔지 못하고 결국 인테리어 철거비용까지 부담하면서 사업을 접게 되죠.

3년 이상의 실무를 쌓는 것만으로는 부족해요. 자신이 내고자 하는 지역의 상권에서 그런 경험을 쌓아야 해요. 그래야만 그 지역 주민의 동향과 상권의 변화를 알 수 있고 또 적합한 업종을 선택할 수 있어요. 책으로만 상권분석을 하고 컨설팅 업체의 상권분석만 믿고 덤벼들었다가는 열이면 열 실패하고 말죠. 저도 서울에서 지방 도시로 내려와 학원을 차렸을 때 지역주민의 성향을 알게 될 때까지 5년은 걸렸던 것 같아요.

두 번째로 우리나라 사람들의 트렌드 변화가 매우 심하다는 점이에요. 당신이 하려는 업종의 대부분이 2~3년 사이에 사라질 가능성이 많아요.

유행처럼 커피전문점들이 생겨났는데 이 중에서 여덟, 아홉은 경쟁에서 도태되고 살아남은 한두 개 점포도 트렌드의 변화에 따라 쇠퇴할 수 있어요. 우리나라 사람들은 새로운 것을 좋아하고 오래된 것을 별로 좋아하지 않나 봐요. 우리의 변덕은 음료시장을 보면 알 수 있어요. 매년 새로운 것이 쏟아져 나오고 오래된 것들은 서서히 사라지고 있잖아요. 1990년대 우리 시장을 외국에 개방했을 때 외국의 유명 음료회사들이 세계적 브랜드를 내세우며 당당히 들어왔지만 콜라만 빼놓고 나머지는 거의 대부분 국내 기업으로 흡수된 걸 보더라도 우리나라 사람들의 트렌드 변화는 정말 빠른 것 같아요. 그래서 당신이 하고자 하는 사업이 몇 년 갈 것인가를 가늠해보아야 하는 것이에요.

세 번째로는 2~3년 내에 투자비용을 건질 수 있느냐를 따져보아야 해요. 트렌드의 변화나 가게 운영의 쇠퇴를 염두에 둔다면 가능한 2~3년 사이에 투자비용을 건질 수 있어야 해요. 그렇지 않으면 몇 억 투자해서 겨우 생활을 유지하는 정도로 수입을 갖게 되는데, 이것은 자기 돈을 적금에 넣어두고 매달 빼내서 쓰는 것과 다를 바가 없어요. 차라리 퇴직금을 은행에 넣어두고 아르바이트를 하면서 돈을 조금씩 버는 게 나을 수도 있어요. 그리고 처음에 잘 나간다고 해서 그것이 몇 년간 계속되리라고 생각해서는 안돼요. 처음에 반짝하다가 바로 쇠퇴하는 경우가 많잖아요. 그래서 사업 1년만에 투자비용을 회수할 수 있도록 노력해야 해요.

네 번째로는 사업을 하게 되면 아무리 적게 잡아도 한 달 경비가 500만원에서 1,000만원 정도는 든다고 보아야 해요. 경비를 줄이기 위해서

다른 사람을 쓰지 않으면 자기 인건비 따먹는 정도이고 몸은 매우 고달
퍼지죠. 50대 후반에 들어서면 자신의 몸이 정말 전과 같지 않아요. 여
기에 보증금, 인테리어 비용, 권리금 등에 들어갈 돈은 무지하게 많죠. 만
약 자신이 여기에서 빠져 나오려고 할 때는 한 푼도 못 건지는 게 보통이
에요. 권리금은 고사하고 인테리어 철거비용까지 부담해야 하죠. 40대 후
반 50대에 하는 사업은 자신의 노년이 걸린 아주 중요한 거예요. 여기에
서의 실패는 자신의 노년이 불우해진다는 것을 의미하죠. 30대와는 전혀
다른 신체적, 경제적, 사회적 상황이기 때문에 신중하고 또 신중할 필요
가 있는 거예요.

거래를 **100%**
성사시키는 방법

거래의 상식을 파괴하라

상대방과 서로 이득을 나누는 것이 거래죠. 한 쪽이 일방적으로 이득을 보고 다른 한 쪽이 일방적으로 손해를 본다면 그것은 거래가 아니고 강탈일 거예요. 혹시 이런 경험을 해본 사람이 있는지 모르겠네요. 초등학교나 중학교 때 길을 가는데 동네 큰 형들이 부르더니 200~300원 정도의 볼펜을 주면서 10,000원을 달라는 거예요. 그러면서 "야, 이거 삥 뜯는 것 아냐. 거래하는 거야."라고 말하는 것이죠. 이런 식의 거래는 강도에 가깝죠. 경제학에서는 이런 상거래를 '부등가 교환'이라고 해요. 물건 값을 제대로 주지 않고 낮은 가격으로 거래를 하는 것을 의미하죠. 과거 제국주의 국가들이 식민지 자원을 빼앗아올 때 했던 수법이에요.

보통 우리는 거래할 때 서로 몫을 똑같이 나누어야 한다고 생각해요. 이득이 나면 서로 똑같이 나누어야 하고 비용도 서로 정확히 반분해야 한다고 생각하죠. 또한 시장에서 물건을 사고 팔 때는 정당한 물건 값이 지불되어야 한다고 믿고 있어요. 이러한 '등가 교환'의 사고방식은 절대불변의 진리라고 교과서에서도 가르치고 있죠. 그런데 이게 거래관계에서 사람을 잡아요. ^^

이 세상에는 우리가 알지 못하는 이상한 거래 방식이 있어요. 남태평양 섬들 사이에서 이루어지는 '선물주기' 방식이에요. A라는 섬은 B섬에게 자기네 것을 대가없이 그냥 줘요. 교환에 따르는 등가성과 동시성이 없는 셈이죠. 다시 말하면 B섬은 반대급부로 다른 것을 주는 게 아니며 (비등가성), 받는 즉시 무엇을 주는 것도 아니죠(비동시성). 그런데 B섬은 C섬에 대해 자기 생산물을 대가없이 그냥 줘요. C섬은 D섬에게, D섬은 F섬에게 그렇게 선물하죠. 이런 식으로 진행되다 보면 A섬은 언젠가 누구로부터 받는 게 있어요. ^^

남아프리카 사막에 사는 부시맨들 사이에서는 이런 일도 일어난다고 해요. 이들은 선물을 주는 사람에 대해 비아냥거린다고 해요. '그것도 선물이라고 주는 것이니?' 하면서 선물이 크고 좋을수록 비아냥의 수준이 높아지고 그 빈도가 잦아진다는 거예요. 과도한 선물은 받은 사람에게 부담을 주고 잘못하면 이러한 선물로 인해 지배-피지배라는 권력 관계가 세워질까 두려워하는 것이죠.

거래를 100% 성사시키고 싶으세요? 그러면 당신이 철석같이 믿고 있는 '등가 교환 사고방식'에서 벗어날 필요가 있어요. 등가 교환 사고방식은 사람을 경제적 동물로 상정하고 있어요. 자기를 포함하여 사람들은 단 1원도 손해를 보아서는 안 된다고 생각하기 때문에 상대방을 믿지 못하고 계속적으로 확인하고 나중에 의심과 의혹을 키워나가죠.

거래나 동업관계에서 몫이나 지분 또는 권한을 나눌 때 50대 50을 주장하면 성사될 가능성이 낮고 설사 일이 성사되어 진행되더라도 나중에 깨질 가능성이 많아요. 1%라도 상대방이 더 가져갈까 봐 상대방을 계속 확인하고 그러다보면 불신이 커져서 서로를 믿지 못하는 거예요. 만약 협상 과정에서 51%를 자신의 몫으로 주장하거나 또는 그렇게 생각하고 일을 추진하게 되면 그 거래는 100% 깨지죠. 시작할 때부터 상대방을 불신하고 자신이 지배적 위치에 있어야 한다고 생각하기 때문에 상대방이 받아들이기 어려운 거예요. 49%를 자신의 몫으로 생각하고 제시하면 그 거래는 100% 성사될 거예요. 1% 정도의 양보는 당신의 마음을 편안하게 해주고 상대방의 마음에 신뢰를 심어 주죠. 서로 공동 운명체 관계를 맺고 조정해야 할 일들을 만족스럽게 해결할 수 있을 거예요.

회사와 거래할 때 유의할 점

앞에서 말한, '자신의 49%의 몫과 1%의 양보'를 통해 거래를 성사시키는 경우는 을의 입장에 서 있는 개인이나 회사일 경우죠. 아니면 서로 대등한 입장에서 사업을 새롭게 추진하려는 사람들 사이에서는 가능할 거예요. 그러나 국가 대 국가, 회사 대 회사의 협상일 때에는 각자의 경제적 이해관계가 첨예하게 맞서기 때문에 이해득실 관계를 잘 따져야 해요. 그래서 어떤 회사와 협상하여 거래를 성사시키려고 할 경우에는 유의해야 할 점이 있을 거예요.

먼저 협상에 들어가기 전에 협상의 조건들, 예를 들면 납품단가라든가 납품기일이라든가 하는 중요한 사안에 대해서는 자신의 상사와 상의하여 몇 가지 안을 마련해두어야 해요. 그리고 협상하는 과정에서 자신이 결정하기 어려운 내용이 제기되는 경우에는 그 자리에서 결정내리면 안 돼요. 쟁점이 될 수 있는 중요 사항은 일단 유보하고 자기 회사와 상의하여 결정해야 할 거예요.

일이 성사되어 계약이 되려면 두 가지 방향에서 영업이 전개되어야 하지요. 하나는 실무자와 관계를 돈독히 하여 실무적인 문제에서 하자가 없도록 해야 해요. 실무자는 그 일에 관한 전문가이기 때문에 그들은 전문적이고 기술적인 것의 해결을 요구하거든요. 신뢰관계는 before service 나 after service를 꾸준히 해야 형성될 거예요.

그런데 실무자와의 관계에서 계약이 성사되는 경우는 극히 드물어요. 회사는 결코 어떤 한 업체와 수의계약을 하지 않아요. 적어도 몇 군데의 업체와 상담을 하면서 그 일에 관해 여러 견적서를 받아서 비교하죠. 이때 임직원과 가까운 관계에 있는 회사가 끼어들어와 경쟁하는 경우가 많죠. 의사결정의 권한을 갖고 있는 임직원이 추천하는 회사에 대해서 아래 직원인 실무자들이 그냥 무시할 수 없죠. 그래서 의사결정 권한이 있는 임직원과도 평소 유대관계를 갖고 돈독한 신뢰관계를 쌓아나가야 해요.

거래할 때 상대방 회사의 의도나 숨어 있는 맥락을 정확히 파악하는 것이 관건이 될 수 있어요. 예를 들어 작은 부품이지만 그것이 그 회사의 공정에 사활적인 경우가 있지요. 그렇지만 회사의 기밀사항이라 그러한 맥락은 드러나지 않고 납품하는 물건 자체만 부각되는 것이 보통이지요. 이때 이러한 맥락을 알고 문제를 시원스럽게 해결한다면 거래도 성사될 것이고 이후 거래도 계속될 수 있겠죠.

상대방의 의도나 요구사항을 파악하는 것은 모든 거래의 출발이지만 의외로 이 점을 쉽게 놓치더라구요. 프레젠테이션을 할 때도 거래 회사의 요구나 의도를 만족시키기 보다는 제안자의 장점을 드러내기가 쉽죠. 그러면 상대방은 속으로 이렇게 생각하겠죠. '좋지만 우리하고는 안 맞네' 그래서 저는 '상대방으로부터 출발하라', 이것이 마케팅 불변의 법칙이라고 생각해요. 유재완형 마케팅 불변의 법칙이죠. ^^

일시적으로 돈 버는 것,
지속적으로 돈 버는 것

돈은 욕망의 상징물이자 금욕의 결과물이다

돈 싫어하는 사람은 아마 없을 거예요. 또 돈 벌고 싶지 않은 사람도 없을 거구요. 다다익선多多益善이라고 하잖아요. 많으면 많을수록 좋고 많을수록 욕심이 더 생기는 게 돈이에요. 사람들이 돈을 좋아하는 이유는 우리의 욕구를 모두 돈에 담을 수 있기 때문인가 봐요. 돈으로 자신이 원하는 모든 것을 살 수 있는 원리를, 좀바르트라는 경제학자는 '욕구충족의 원리'라고 부르고 있어요.

사람들은 한 번에 떼돈을 벌었으면 하죠. 대박이 나서 일시적으로 큰 돈을 벌기 원하지만 이렇게 번 돈들은 결과가 좋지 않더라구요. 돈이라는 놈은 정말 어떤 마력을 갖고 있는 '요물'이에요. 어떤 마력을 갖고 있나 하면 자기의 노력으로 벌지 않은 돈은 그 사람을 불행하게 만드는 것이죠. 남의 돈을 훔치면 절도범으로 감옥에 가잖아요. 로또 1등에 당첨된 사람들의 대부분은 결국 파산하고 알거지가 되더라구요. 어떤 사람이 대박이 나서 큰돈을 번 것도 찬찬히 살펴보면 그 사람의 꾸준한 노력이 있었던 경우가 많아요. 그런 노력이 없었던 경우에는 순간적으로 많이 들어온 그 돈이 앞으로도 그렇게 들어올 것처럼 착각하며 펑펑 쓰다가 결국 몰락하게 되죠. 돈은 무엇이든 다 살 수 있는 '소비요물'이기 때문에 돈이 아무리 많아도 '왜 이렇게 돈이 부족한 거야.'라고 만드는 것 같아요. 깨진 독에 물 붓는 것처럼 부어도 부어도 빠져나가는 것이 바로 돈이죠.

이런 일이 벌어지는 것은 돈의 한 가지 속성에만 사람들이 집착하기 때문이에요. 돈은 서로 모순된 속성이 단단히 붙어있는 혼합물이죠. 돈은 욕망의 상징물이자 금욕의 결과물이에요. 사람들이 소비와 욕망충족의 돈으로만 생각해서 일시적으로 떼돈 버는 것만 꿈꾸는 거예요. 꾸준히 노력해서 돈을 벌어야하는 것을 잊어버리면 돈은 사람을 파멸로 이끄는 '요물'로 둔갑하는 것이죠.

돈이 금욕의 결과물이라는 것은 지속적으로 돈을 버는 것과 관련이 있어요. 돈은 소비의 수단이기도 하지만 생산의 수단이기도 하잖아요. 돈을 다 써버리면 재생산할 수 있는 여력이 없어지죠. 돈을 지속적으로 벌기 위해서는 돈에 대한 통제가 필요하고 돈의 쓰임새를 관리해야 하는 것이죠. 막스 베버라는 사회학자는 『프로테스탄티즘의 윤리와 자본주의 정신』에서 이런 점들을 잘 설명하였어요. 유럽에서 자본주의가 나타난 것은 기독교적인 금욕정신 때문이었다는 거예요. 노력해서 꾸준히 돈을 벌되 쓰지 않고 모아 놓는다는 거예요. 그러한 노동의 결과물이 자신을 구원해 줄 상징물로 나타난다는 것인데 그것이 신 앞에서 욕망을 억제했기 때문이죠. 그렇게 모아 놓은 돈은 다시 투자되어 더 큰 돈을 벌게 해주죠. 돈이 돈을 벌게 해준다는 말이 이런 의미인 거예요.

돈을 소비의 관점에서 보지 않고 금욕의 관점에서 본다면 돈을 벌 수 있는 거예요. 즉, 쓰지 않고 모아놓으면 돈을 버는 것이죠. 너무 뻔한 이야기인데 당신은 이게 현실감이 없다고 느껴질 거예요. 돈 쓰는 것에 버릇이 들었기 때문이고 돈 쓰는 사람이 대접받는 분위기 때문이죠. 명품하나 들고 다니면 사람들의 시선이 나에게 꽂히고 대접받는 느낌이잖아요. 구설수에 오르더라도 사람들 입에 오르니까 괜찮다고 생각하지요. 개무시 당하거나 관심 없는 상태보다는 훨씬 낫다고 생각하는 것이죠. 그런데 요즘처럼 돈 벌기 어려운 상태에서 돈 버는 최고의 방법은 돈을 쓰지 않는 것이죠. 지속적으로 돈 버는 방법으로 가장 좋은 방법은 욕망을 줄이는 것이구요.

지속적으로 돈을 버는 또 다른 방법은 상거래에서 성실과 신의를 지키는 것이에요. 돈은 다른 사람과의 상거래를 하면서 버는 거잖아요. 거래는 당사자 모두에게 이득이 생겨야만 이루어지기 때문에 성실과 신의가 필요한 거예요. 돈에 대한 욕심과 상대방에 대한 성실이라는 관점은 서로 모순되고 충돌하고 있어요. 조금만 '사기 치면' 큰돈 버는 상황에서 그런 유혹을 물리치기가 쉽지 않은 거죠. 지속적으로 돈을 벌기 위해서는 당신의 고정 고객이 더 자주 당신을 찾아오도록 해야 하지요. 얕은 눈가림이나 술수로 속이려든다면 어느 누가 그 사람을 다시 찾겠어요? 그래서 돈은 물건에서 나오는 것이 아니라 사람과의 관계에서 나오는 거예요.

지속적으로 돈 버는 것과 회계 사상

지속적으로 돈을 벌기 위해서는 현금과 신용, 이 두 가지 요소를 잘 다루어야 해요. 당장의 이익을 중시하는 현금에 대한 욕망이냐 아니면 미래가치를 중시하는 신용이냐를 잘 판단해야 해요.

셰익스피어의 『베니스 상인』에 나오는 이야기는 이러한 2가지 대립된 관점을 잘 보여주는 것 같아요. 고리대금업자 샤일록은 상인 안토니오를 미워하죠. 자기는 돈을 빌려주고 이자를 받는데 안토니오는 이자 없이 돈을 빌려주면서 고리대금을 비난하는 거예요. 중세시절에는 이자 없이 돈을 빌려주기도 했나 봐요. 샤일록은 현금의 기회비용으로 이자를 받고 있잖아요. 그래서 현금을 통해 현재의 단기이익을 추구하는 관점을 취한다고 볼 수 있어요. 반면에 안토니오는 미래가치를 중시하고 지속적인 돈 벌이를 추구하는 신용을 앞세운다고 볼 수 있을 거예요.

상거래의 규모가 커지고 거래처가 늘어나면 현금과 신용의 문제를 숫자로 표시하고 통제해야 할 필요성이 커지죠. 즉, 지속적인 돈벌이를 위해서는 주먹구구식 계산법으로는 감당할 수 없는 상황이 발생하는 거예요. 현금과 신용 사이, 수입과 지출 사이, 부채와 자산사이, 현금과 재고 사이를 엄밀히 통제하는 회계가 필수적이죠. 그게 바로 복식부기이에요.

복식부기하면 세금 적게 내기 위해서 적당히 장부 정리하는 것으로 알고 있을 거예요. 이탈리아의 파치오로가 1494년 『산술 기하비 및 비례의

총담』에서 복식부기의 구조를 처음 설명하였는데, 그는 부기가 경제활동의 진실을 담고 있어야 한다는 회계 사상을 제시했어요. 거짓과 부정한 장부 작성의 위험성을 경고하고 내부 통제의 중요성과 회계 장부의 감사와 검증을 역설한 거죠. (『회계사상과 회계기준의 발전』, 정기숙, 박해근, 이중희 공저, 경문사)

회계는 사업의 모든 것들을 숫자로 나타내잖아요. 이러한 숫자를 통해서 회사 조직 내 결함을 찾아내고 미래 사업계획을 예측하고 판단할 수 있는 근거를 제시하는 거예요.

또 모든 상거래는 이중성을 띠게 돼요. 예를 들면 5,000만 원으로 땅을 구입하였다면 현금이라는 자산은 감소하지만 토지라는 자산은 증가하죠. 이렇게 자산과 부채 그리고 자본은 증가와 감소가 동시에 일어나죠. 또한 수익과 비용도 동시에 발생하구요. 이렇게 상거래의 이중성을 한눈에 알아볼 수 있도록 장부 왼쪽에는 차변을, 오른쪽에는 대변을 설정하여 거래 상황을 기입하는 것이죠. 따라서 복식부기를 보면 채무관계와 소유관계를 알 수 있고 자신이 책임져야 할 부분이 무엇인지 명확하게 드러나요. 그리고 현금과 재고관계를 밝히고 있죠. 그래서 현금의 중요성과 미래가치의 실현도 파악할 수 있어요.

장부정리는 정확하고 거짓이 없어야 하지요. 어떻게 보면 경제활동의 진실을 담고 있어서 돈이라는 욕망에 휘둘리지 않는다는 양심의 편안함일지도 모르겠어요. 우리나라에서는 장부를 거짓으로 꾸미는 분식회계가 참 많았어요. 분식회계로 일시적으로 돈을 벌 수는 있겠지만 지속적으로 돈을 벌 수는 없어요. 사상 최고의 분식회계 사건으로 꼽히는 대우그룹의 사건을 재판하면서, 임직원들에게 내린 추징금이 얼마인줄 아세요? 7명의 대우그룹 임직원에게 총 26조 4,180억 원의 추징금이 내려졌어요. 우와!

이제 우리 사회가 '잘 살아보자'는 식으로 돈을 어떻게 벌어도 좋다고 박수치는 사회는 아니잖아요. 그리고 빡빡하고 어려운 경제 환경에서 돈을 벌기도 쉽지 않은 상황이구요. 그래서 돈을 버는 데도 차원을 달리하는 '급수'가 있음을 알고 그것을 실현하는 것이 지속적으로 돈 버는 길일 거예요. 회계 부문에서도 경제윤리가 실현되고 합리성이 나타나도록 해야죠. 숫자에도 사상이 담겨 있거든요. ^^

인생에서 **종자돈** 모을 수 있는
단 한 번의 시기

워런 버핏에서 배우는 돈 버는 방법 2가지

먼저 투자와 투기에 대해 경제학적으로 어떤 차이가 있는지 말할 게요. 이 이야기를 하는 이유는 투자의 귀재인 워런 버핏이 투기적인 부분에는 돈을 넣지 않았기 때문이죠. 투자는 경제적 가치를 창출하는 부분에 돈이 쓰이는 것을 말해요. 예를 들어 여기 100원이 있다고 가정해 보자구요. 이 100원으로 원료도 사고 임대료나 기계설비 그리고 임금으로 쓰여서 어떤 물건을 생산했다고 치면 이 물건은 시장에서 100원+알파로 팔릴 거예요. 만약 120원으로 팔렸다면 100원은 이전의 경제적 가치가 그대로 옮겨온 것이고 20원의 가치가 새로 창출된 것이죠. 20원은 하늘에서 떨어진 것도 아니고 남의 주머니에 있던 돈을 가져온 것도 아니죠. 생산과정에서 새로운 경제적 가치가 창출된 거예요.

그런데 투기는 경제적 가치를 창출하는 데 기여하지 않고 이미 형성된 경제적 가치를 이전하는 기능만 해요. 다른 사람의 주머니에 있는 돈을 또 다른 사람의 주머니로 옮겨가도록 하는 역할만 하죠. 어떤 사람이 투기로 돈을 벌었다고 하여도 사회 전체적으로 보면 새로운 경제적 가치가 창출된 것이 아니라 돈의 이동에 불과한 것이죠. 시세차익을 노리고 돈을 넣는 것은 투기로 볼 수 있어요. 주식도 시세 차익을 노리고 투자하면 투기적 성격을 띠게 되죠. 다른 사람의 돈이 몰려와 가격을 올리는데 '돈 놓고 돈 먹기'식으로 남의 돈을 따먹는 것에 불과하죠. 반면에 배당금을 목적으로 주식에 돈을 넣는다면 그것은 투자로서의 성격을 지니죠. 그 기업의 경제적 성과에서 자신의 몫을 가져가는 것이기 때문에 가치창출 부분과 관련되는 거예요.

투자를 통해서 창출된 경제적 가치는 일회적으로 끝나는 것이 아니고 다시 재생산 과정에 투입되어 또 다른 경제적 가치를 만들어 내죠. 반면에 투기는 시세차익을 노리고 돈들이 몰려들기 때문에 가격이 상승하면서 거품이 형성되죠. 더 이상 돈들이 몰려들지 않으면 그 거품은 터지면서 쏟아 부었던 많은 돈들은 허공으로 사라지죠.

워런 버핏은 돈을 운용할 때 시세차익을 노리는 투기적인 부분은 배제하고 경제가치가 창출되는 부분에 투자하였죠. 이렇게 투자된 돈은 견실한 경제활동과 관련되어 장기적으로 이익을 실현할 수 있었어요. 그리고 워런 버핏이 투자에 성공하고 그 회사들이 커나가던 때는 미국 경제나 세계 경제가 상승하던 시기였어요. 2차 세계대전 이후 50~60년대는 경제가 매우 팽창하던 시기였기 때문에 일회적인 시세차익보다 장기적인 가치창출이 더 큰 이익을 가져다 줄 수 있었던 거예요.

이것이 워런 버핏의 돈 버는 방법 두 번째 내용이에요. 두 번째부터 이야기한 이유는 돈을 투자할 때 아주 신중하라는 의미에서죠. 눈에 뭐가 씌워지면 '묻지마' 방식으로 돈을 투자하고 결국 돈을 날리게 되죠. 특히 거품이 일어날 때 조심해야 해요. 주위에서 주식투자로 누구는 2,000만 원으로 1억을 벌었다느니, 누구는 아파트 가격상승으로 몇 억을 깔고 있다느니 이런 말들을 자주 듣게 되면 자신에게도 그런 일이 일어날 거라고 착각하죠. 이런 말을 들으면 이렇게 생각하세요. "빨리 내 주머니 속으로 네가 갖고 있는 돈을 쏟아 부어. 그러면 누군가 너의 주머니에 돈을 부어 줄 거야." ^^ 정말 종자돈을 모으려고 그렇게 고생했는데 막상 피 같은 돈을 한 순간에 날리는 경우가 비일비재하거든요.

그래서 워런 버핏은 투자금을 날릴 수 있는 부분에는 투자하지 않았죠. "절대로 투자금을 까먹지 마라." 이게 워런 버핏의 돈 버는 방법 세 번째 내용이에요. 피같이 모은 종자돈을 무슨 일이 있어도 날려서는 안 돼요. 어떻게 보면 종자돈 모으기보다는 모아놓은 돈을 굴리기가 더 어려워요. 이때 워런 버핏의 세 번째 돈 버는 방법을 생각하세요. 그러면 실수할 가능성이 적어질 거예요.

사회 초년생활 10년은 종자돈 모을 수 있는 단 한 번의 시기이다

돈이 돈을 번다는 말이 있죠. 노동만으로는 먹고 사는 데 그친다면, 자본은 경제적 가치를 만들어낼 힘을 갖고 있는 것이죠. 그런데 저는 이 말은 이렇게 이해하려고 해요. "자신이 애써 모은 종자돈이 돈을 번다." 돈을 벌기가 얼마나 어려운지 그리고 돈이라는 '요물'을 어떻게 통제해야 하는지 모르는 사람은 아무리 많은 돈을 주어도 돈 벌기는 커녕이에요. 부모로부터 많은 돈을 물려받아도 말아먹는 사람이 숱하잖아요. 종자돈 모으는 과정은 돈에 대한 통제력도 함께 키워주죠. 아마 이게 더 중요하지 않을까요?

워런 버핏에서 배우는 돈 버는 방법 첫 번째는 바로 이거에요. '종자돈을 모아라' 워런 버핏은 6살 때부터 껌장사를 통해 1센트, 2센트 모으기 시작하여 중학교 때는 신문배달을 하고 고등학교 때는 몇 가지 사업을 하여 고등학교 졸업할 무렵에는 1만 달러(지금 돈으로 약 1억 원)의 종자돈을 모았던 것이죠. 그리고 이미 몇 개의 사업을 할 정도로 종자돈의 수준을 넘어버렸죠.

우리는 20대 중반에서 30대 후반까지 사회 초년생활 10년 동안에 종자돈을 모을 수 있어요. 인생에서 종자돈을 모을 수 있는 단 한 번의 시기라고 볼 수 있죠. 돈 쓸 일이 별로 없잖아요. 취미 생활을 열심히 하고 청춘을 만끽한다면 모을 여유가 없겠죠. 그러면 나중에 베짱이 신세가 될 수 있어요. 당신 월급 중에 50만원을 10년 동안 저축하면 50×12×10=6,000만 원이 되죠. 이자까지 포함하면 7,000만 원이나 8,000만 원은 될 거예요. 여기에 부부가 맞벌이를 하면 더욱 많아지겠죠. 물가 상승률이나 이자율을 따져서 재테크에 너무 열 올리지 마세요. 그러다가 원금마저 날릴 수 있어요. 그냥 몇 년 묻어두더라도 시간이 지나면 꽤 큰 목돈이 되거든요. 천만 원 단위의 돈은 월급쟁이에게는 여전히 큰돈이에요.

30대에 가장 많이 드는 비용은 결혼 비용과 주택 구입 비용일 거예요. 결혼 비용은 두 사람이 합의하여 아끼는 것이 좋을 거예요. 차라리 주택을 구입하거나 전세금에 쓰는 것이 좋을 수도 있어요. 이것은 자산이 되어 나중에 현금화할 수 있거든요.

40대는 사회에서 점차 밀려나는 시점이고 그러다 보면 인생의 다른 계획을 세우거나 자기 사업을 하려고 하죠. 이사도 몇 차례 하면서 거주 비용이 크게 느껴져요. 또 아이들이 크면서 교육비 부담금도 매우 커지게 돼요. 그래서 이 시기에는 목돈이 들어가는 경우가 많아지죠. 30대에 모아놓은 종자돈은 40대에 당신 사업이나 당신 가족을 위한 목돈으로 써지는 거예요. 종자돈을 모아놓은 사람은 40대에 어느 정도 여유가 있을 것이고 그렇지 못한 사람은 40대에 사용하는 목돈 부담이 50대 60대 이후로 계속 자신을 압박하게 되죠. 우리는 이런 사실을 실제로 살아보고 나서야 깨닫게 돼요. 정말 우리는 '인생 바보'인가 봐요. '인생 바보'가 되지 않기 위해서 이것만은 기억해두세요. '30대에 종자돈을 모아라. 인생에서 단 한 번의 시기이다.'

비빌 언덕을 만들어라
– **신용테크**와 **자산테크**

| '나' 밖에서 비빌 언덕 만들기 – 신용테크

동물은 본능에 따라 살아간다고 우리는 알고 있어요. 약육강식의 원리에 따라 자신의 욕망을 채워나가는 것이죠. 배고픔을 해결하거나 종족 번식의 목표를 위해서라면 어떤 것도 거리낌 없이 해치울 수 있다고 믿고 있는 거예요. 그런데 '배고프면 밥 먹고 졸리면 잠 잔다.'라고 어떤 큰 스님이 말한 것 같은데, 그러면 인간의 가장 높은 깨달음의 경지도 결국 동물과 같은 '자연적 경향(=본능)'으로 돌아간다는 의미인가요? ^^

우리가 알고 있는 것처럼 동물의 세계가 약육강식의 사회가 아니래요. 동물의 세계도 인간 사회처럼 도덕적 원리가 작용하고 있다고 밝힌 학문이 있어요. 그게 바로 '사회 생물학'이에요. 동물이나 다른 생물들도 양보를 하기도 하고 이타심을 보인다는 거예요. 자신의 생존과 종족 번식을 위해서 공존과 공생의 원리를 기본적인 전략으로 채택한다는 것이죠. 원숭이 사회에서는 아무런 반대급부를 바라지 않고 단지 자신의 평판을 좋게 유지하기 위해 다른 원숭이를 도와주는 이타심이 나타난다고 해요. 이 같은 원리가 동물 세계에서 자연적 경향이며 나아가 최상의 생존 전략이라는 거예요. 이렇게 본다면 인간 사회에서도 이런 것들이 최상의 생존전략이라고 볼 수 있지 않을까요? 그래서 사람 사이에 믿음을 쌓아가는 '신용테크'가 필요하지 않을까요?

금융기관에서 사용하는 신용이라는 말은 돈 갚는 능력을 의미해요. 돈 갚는 능력에 대한 믿음이죠. 그런데 제가 말하는 신용테크의 핵심은 성실이에요. 성실은 그 사람의 능력보다는 그 사람 자체에 대한 믿음이라고 볼 수 있어요. 실력과 능력으로 인정받는 것은 경쟁과 대립을 전제로 하고 또 다른 경쟁과 대립을 가져오지만, 성실로 인정받는 경우에는 경쟁과 대립을 넘어서도록 해요. 왜냐하면 성실은 진실하고 근면하다는 것 말고도 남을 배려하는 이타심이 필수이기 때문이죠. 웬만한 사람이라면 기본실력과 능력을 갖추고 있을 거예요. 성실하니까 자신의 능력도 열심히 연마할 거예요. 그래서 성실로써 인정받는 것은 능력으로써 인정받는 것보다 한 수 위에 있다고 볼 수 있죠. '너라면 믿을 수 있어'라고 신뢰를 주는 사람이라면 우리 사회에서 충분히 먹고 살 수 있어요. 설사 다른 능력이 별로 없더라도 말이죠. 누군가가 성실한 당신에게 중요한 일을 맡기기 때문이죠.

신용테크라는 말은 '신용'이라는 단어와 '테크'라는 단어가 서로 모순되는 것 같아요. 무슨 말이냐 하면 성실과 신용은 일정 기간 연습한다고 하여 획득될 수 있는 기술적인 것이 아니기 때문이죠. 성실은 그 사람이 10대, 20대, 30대, 40대 등 일생에 걸쳐서 형성된 기질이라고 볼 수 있기 때문이죠. 성실이라는 미덕은 자신의 양심에 비추어 한 점 부끄러움도 없으려는 태도에서 나오기 때문에 겉으로 그렇게 보이려는 포장만으로는 안 되는 것이죠. 누구나 '성실하라'고 말하지만 그런 사람을 찾아보기 어려운 이유가 여기에 있죠.

저는 OB 맥주의 장인수 사장이 걸어온 길에서 성실과 신용테크의 진수를 찾을 수 있다고 생각해요. 1990년대 '맥주 전쟁'에서 OB 맥주는 1등 자리를 내주고 2등으로 전락하고, 만년 2등이었던 크라운 맥주는 하이트 맥주로 변신하여 1등을 차지한 것이죠. 그런 OB 맥주를 2010년에 다시 1등으로 올려놓은 사람이 바로 장인수 사장이에요. 저는 OB 맥주가 맥주 시장점유율 1위로 다시 올라선 사건이 90년대에 시작된 '맥주 전쟁'의 2탄이자 새로운 '주류 전쟁'의 서막이라고 생각해요. 왜냐하면 롯데그룹이 맥주와 소주 시장에 참여하면서 주류업계의 지각 변동을 예고하기 때문이에요.

오비와 하이트 사이에 시작된 맥주 전쟁에 진로 소주가 카스 맥주를 출시하면서 맥주 전쟁은 '맥주-소주전쟁'으로 확대되었죠. 당시 오비 맥주도 그린 소주를 내세우며 진로그룹의 맥주 시장 진출에 소주 시장 진출로 맞불을 놓았고, 그래서 주류업계 전체가 뒤흔들리게 되죠. 그리고 그 결과 우리나라에서 가장 오래된 기업 연륜을 갖고 있는 두산그룹은 뼈아픈 구조조정과 오비 맥주의 매각을 통해서 위기를 벗어나고 중공업 쪽으로 새롭게 활로를 개척하였어요. 반면에 하이트 맥주는 맥주업계의 1위뿐

만 아니라 진로 소주까지 인수하여 우리나라 주류업계의 메이저로 등극
했지요. 2010년 이후 맥주 시장의 1등 자리를 내주었지만 맥주 시장을
거의 양분하고 있고 진로 소주까지 차지하였기 때문에 주류 전쟁의 최종
승자는 하이트로 볼 수 있을 거예요. 결국 진로그룹만 IMF사태 이후 그
룹이 와해되고 진로 소주까지 남의 손으로 넘어간 것이죠.

장인수 사장은 2010년 오비맥주 부사장으로 취임하는데 1년 6개월
만에 오비맥주를 다시 시장점유율 1위로 끌어올리게 돼요. 어떻게 이것
이 가능했을까요? 이 분이 갖고 있는 별명이 있죠. '고신영달!' 고졸 출신
의 영업의 달인! 누구보다도 영업을 열심히 했기 때문에 갖게 된 별명이
죠. 그런데 이 말을 그런 정도로 이해하는 것은 2% 부족하다고 생각해
요. 신용테크를 통해 주류 도매상들과 신뢰를 쌓지 않았더라면 얻을 수
없는 거라고 생각해요. 젊은 세대에게 들려주는 장인수 사장의 모토는
'농부처럼 일하라' 이에요. 땅은 가장 성실한 농부에게 수확으로 보답하
지 않던가요? 결과보다는 과정을 중시하라는 이 분의 말을, 저는 '신용테
크를 통해 사람 사이에 믿음을 쌓아두라'는 것으로 이해하고 있어요.

장인수 사장이 처음 진로에 입사하여 거래처인 주류 도매상들과 인간
적 신뢰 관계를 쌓기까지 얼마나 성실하게 임했을 것인지 그 모습이 눈
에 그려져요. 그것을 알 수 있는 것은 오비맥주에 부사장으로 취임하여,
이제는 경쟁업체의 거래처가 되어버린 주류 도매상들에게 모임을 청했을
때 주류 도매상 모두가 참석했다는 점이죠. 그리고 주류 도매상에게 새로
운 윈-윈 전략, 즉 맥주 밀어내기를 하지 않기로 하고 오비맥주와 거래를
할 수 있도록 한 점은 과연 영업의 달인이라 할 수 있을 거예요.

성실한 사람은 평소에도 호감을 받고 자신이 하는 일에 대해서 지지와

격려를 받는 게 보통이죠. 이렇게 신용테크를 통해 믿음을 쌓게 되면 결정적으로 중요한 순간이나 정말 어려운 시기에 그것을 해결할 수 있는 길을 마련할 수 있죠. 무협지에 보면 스승이 떠나가는 제자에게 중요한 시기에 읽어보라고 비법을 적은 종이를 주잖아요. 성실은 그런 비법으로 생각할 수 있어요, 가장 결정적이고 어려운 시기를 해결해주는 한 방! 대박은 이렇게 성실과 함께 천천히 다가오는 것 같아요.

| '나' 안에서 비빌 언덕 만들기 – 자산테크

재테크는 파이낸셜 테크놀로지라고 말하죠. 원래는 기업의 전문적인 재무관리 능력을 의미하는 거예요. 기업의 잉여금이나 유휴자금을 유가증권에 투자하여 수익을 올리려는 것이죠. 이것의 의미가 확대되어 개인이 여유자금을 갖고 현금의 수익을 만들어내려는 것을 말하고, 나아가 종자돈을 모으는 과정도 재테크라고 부르고 있어요.

그런데 재테크는 높은 수익을 얻으려는 경향이 있어서 시세차익을 노리는 투기적인 자금 운용도 포함하고 있어요. 시세차익을 노리는 개인의 재테크는 실패할 가능성이 크죠. 주식시장에서 '개미투자자'들이 재미 보았다는 말은 거의 듣지 못해요. 시세차익으로 이익을 본다는 것은 남이 내 주머니에 돈을 넣어준다는 것을 의미하는데 거대 금융 자본끼리의 머니게임에 개미들이 당해낼 재간이 없는 것이죠.

재테크라는 말 대신에 자산테크라는 말을 쓰려는 이유는 재테크에서 이런 시세차익을 노리는 투기적 위험성 때문이에요. 대부분의 사람들이 여윳돈이 어디 있겠어요? 여윳돈으로 돈 모으는 것이 관심사가 아니에요. 빡빡한 수입 속에서 낮은 이자로 목돈을 빌릴 수 있는 방법이 더 간절한 것이죠. 그래서 자산테크는 값싸게 돈을 빌리기 위해서 조금씩 자산을 늘려 나가자는 거예요.

전에 『부자 아빠 가난한 아빠』라는 책이 베스트셀러가 된 적이 있죠. 그 책에서도 자산을 늘리는 것을 강조하고 있는데, 돈을 모으기 위해서 자산증식을 말하는 것이 저와 다른 점이죠. 제가 말하는 자산테크는 값싸게 목돈을 빌리기 위해서 자산증식을 하자는 것이죠.

그런데 그 책에서 말하는 수입-지출, 자산-부채의 개념은 기억해 둘 필요가 있어요. 자산을 담보로 빌린 돈은, 당신이 갖고 있는 현금을 쓰는 것과 달리 자산이 없어지는 것이 아니죠. 다만 빌린 돈을 일정기간 동안 갚을 수 있으면 나중에 그 자산의 가치는 그대로 남게 되고 결국 그만큼 돈을 번 것이라고도 할 수 있죠.

현금 자산, 예를 들면 주식이나 은행예금, 귀금속 등은 자신이 목돈이 필요하여 처분하게 되면 일회적 사용으로 사라지죠. 반면 자산을 담보로 빌린 돈은 일정기간 동안 나누어 갚을 수 있고 또 자신의 사업에 투자되어 수익을 올릴 수 있기 때문에 그만큼 현금 사용에서 여유를 갖게 되죠. 이게 바로 자산테크예요.

자신의 재무설계 중에서 자산을 늘리는 방식을 채택하면 무리하지 않고도 자산을 늘릴 수 있을 거예요. 먼저 노후대비로 설계하는 보험이 자산으로 기능할 수 있어요. 젊어서부터 대비해두면 적은 돈으로도 보험을 설계할 수 있죠. 몇 년 동안 보험료를 납입하면 꽤 많은 돈이 모아지죠. 그렇게 모아진 액수만큼 이자만 내고 돈을 빌려 쓸 수 있어요. "내 돈을 이자내고 쓰는 거잖아." 맞아요. 은행이자보다도 조금 높지요. 그렇지만 빌린 돈을 갚으면 그 금액은 살아있는 것이죠. 또 원금을 상환하기 전까지는 이자만 내면 되니까 그만큼 부담도 적지요.

다음으로는 주거용 주택을 구입하는 것도 자산을 늘리는 방식이 될 거예요. 그러나 주택 구입시 은행으로부터 돈을 빌리거나 전세가 들어있으면 자산으로서 기능을 할 수 없어요. 그래서 주택 구입 때 빌린 돈은 빨리 갚아버리는 것이 자산을 늘리는 방법이 될 거예요.

또 종자돈을 모으기 위해서 당신의 수입을 계획적으로 사용하고 저축 등을 통해 현금자산을 늘리는 것도 자산늘리기이죠. 어느 정도 돈이 모아지면 주택 구입 비용에 충당하는 식으로 자산을 늘릴 수 있을 거예요. 현금을 이용하여 수익률을 높이려고 하는 것은 원금 상실의 위험이 있기 때문에 신중할 필요가 있죠.

금융기관으로부터 값싸게 돈을 빌리기 위해서는 자신의 신용등급을 잘 관리해야 해요. 상환 연체가 없어야 하고 카드 현금 서비스 대출도 없어야 해요. 신용불량자가 되면 은행이나 제2금융기관으로부터 돈 빌리기가 무척 어려워지죠. 그리고 주거래은행의 카드만 사용하는 것도 좋아요. 여러 장의 카드를 만들 필요가 없죠. 당신이 거래하는 은행 한 곳을 선택해서 카드나 통장을 몇 년 사용하면 그 은행의 우수 고객이 될 수 있어요. 신용 등급이 높기 때문에 대출금리가 유리하게 적용되고 여러 혜택이 있게 되죠.

30대를 지나 40대 50대로 들어서면 큰돈을 써야 할 경우가 많아져요. 그런 큰돈을 현금으로 여유 있게 보유하고 있는 사람은 드물죠. 결국 돈을 빌려야 할 경우가 생기는데 친지나 친구에게 손을 벌릴 수는 없잖아요. 돈에 대해서는 철저히 당신이 책임지고 해결해야 주위 사람과 좋은 관계를 유지할 수 있어요. 돈만큼은 나 자신이 비빌 언덕이 되어야 해요. 자산테크는 빡빡한 수입규모에서도 목돈이 드는 경우에 대비해 현금을 빌릴 수 있도록 자산을 형성하라는 것이죠. 그런 자산을 형성해두면 필요할 때 당신 자체가 비빌 수 있는 언덕이 되는 거예요.

창의

'나'를 뜨게 하거나 평생 젊게 살게 하거나

사회 현실을 개척해 나가는 강력한 힘은 창의성이다. 창의성은 사회 현실의 두터운 벽에 씨앗을 뿌려 그 벽을 갈라내어 뿌리를 내리게 하고, 마침내 꽃도 피우고 거목으로 클 수 있도록 해준다. 호기심을 갖고 문제의식을 확장해 그 분야의 뿌리 밑까지 살펴보라. 그러면 수많은 아이디어가 생기고, 기가 막힌 기획이 만들어진다. 이런 것들이 간혹 당신을 한 방에 뜨게 할 수 있다. 아니면 이런 것들을 실현하고픈 젊음의 열정이 당신 인생을 계속적으로 지배할 것이다.

영재 수준으로 '나'를 만드는 방법
– 몰입과 집착

누구나 몰입할 수 있다

가수 이효리에게 가야 할 노래가 손담비에게 가서 대박이 났던 노래, 바로 '미쳤어'예요. 톱가수로 올라서기 위해서는 한 번의 히트로는 부족하고 연속해서 히트해야 하는 법. '미쳤어' 이후 손담비는 '토요일밤에'로 다시 히트치고 정상의 가수로 자리 잡게 되죠. 이 노래들은 모두 걸그룹 노래의 히트 제조기로 알려진 '용감한 형제' 강동철이 작곡하였죠.

사이프레스 힐의 힙합 노래를 듣는 순간, '아, 나도 이런 노래를 만들고 싶다.'라는 '무지막지한 맹목성'으로 음악세계에 빠져 들죠. 몇 달 동안 하루 3~4시간 밖에 안 자고 좋아하는 음악을 듣고 또 듣고 8비트 컴퓨터로 똑같이 카피해보고 약간씩 변주하여 편곡도 해보고 그리고 자기만의 가사로 자기만의 노래를 만들죠. YG에 들어가 '세련된' 노래로 다시 만들기를 2년이나 작업하였지만 중압감에 못 이겨 도피하죠. 그리고 나서 스스로 만든 노래, 렉시가 불러 히트한 '눈물 씻고 화장하고'라는 노래, 이게 바로 강동철의 첫 작품이에요. 자, 몰입의 의미를 알고 싶으세요? 그러면 2011년 6월 15일 방영된 '무릎팍 도사'의 '용감한 형제'편을 참고해 보세요.

영재는 어떤 분야에 뛰어난 능력을 보이고 머리도 좋은 사람을 말하죠. 세상 사람들은 보통 이렇게 생각하죠. 그런데 세상 사람들의 생각과 달리 영재는 '과제 집착력'이 뛰어난 사람을 말해요. 주어진 과제에 몰입하여 물고 늘어져서 끝장을 보는 사람을 영재로 보고 있어요. 단순히 머리가 좋은 사람이 영재가 아니에요. 아무리 머리가 좋아도, 설렁설렁 대충대충 이렇게 접근하여 별다른 결과물을 만들어내지 못하는 사람을 영재라고 보지 않는 거예요. '무릎팍 도사'에 나온 강동철의 이야기를 듣고 있으면 누구라도 영재가 될 수 있음을 알게 될 거예요. 단, 몰입하여 거기에 미쳐있는 사람에게만 한정되지요.

"내가 몰입해본 적이 있나?" 이 점이 궁금하실 거예요. 이것을 판단하는 방법이 있어요. 어떤 문제를 해결하려고 집착할 경우, 여기에 대한 좋은 아이디어가 꿈 속에서 나타나기도 해요. 이처럼 꿈 속에서 좋은 결과를 얻거나 해답을 얻은 적이 있다면, 그 사람은 몰입과 집착을 경험했다고 볼 수 있어요.

제가 몰입하는 방법을 알려드릴게요. 인터넷이 등장한 초창기에 인터넷을 활성화시킨 요소에서 찾아 볼 수 있어요. 하나는 게임이고 다른 하나는 야동이었죠. ^^ 게임에 사람들이 몰리고 빠져드는 이유가 무엇인가요? 재미있으니까. 그럼 야동에는? 욕구가 있으니까. 사람이 호기심이 있으면 알아가는 재미가 생기죠. 그래서 호기심과 재미가 있으면 사람은 저절로 그 분야에 빠져 들죠. 마찬가지로 사람이 욕구가 있으면 그것을 채우려고 안달복달하게 되죠. 욕구와 목표가 뚜렷한 사람은 물고 늘어지잖아요. 그래서 '궁금해하라(=호기심과 재미)', '이루겠다고 독하게 마음 먹어라(욕구와 실현의지)', 이거면 몰입이 자연스럽게 이루어지죠. ^^

몰입에서 튀어나오는 1%의 창의적 영감

'99%의 노력과 1%의 영감'이라는 서양속담이 있어요. 여기서 99%의 노력은 바로 몰입을 의미할 거예요. 그리고 1%의 영감은 몰입의 결과 갑자기 튀어나오는 번뜩이는 아이디어, 영어로 말한다면 creative를 말하고 있죠. 양적으로 엄청나게 많은 것이 쌓이게 되면 질적으로 전혀 새로운 것이 나타난다는 자연현상의 '양질 전환의 법칙'도 이와 유사하다고 생각해요.

그런데 99%의 노력은 정신집중만 의미하지는 않아요. 지식과 정보를 두뇌에 축적하는 과정을 포함하고 있어요. 다시 말하면 지식과 정보의 축적 없이는 창의적 아이디어가 나올 수 없어요. 오히려 지식과 정보를 먼저 두뇌에 쌓아야 하고 그 다음에 몰입을 해야만 좋은 아이디어나 창의적인 것이 생겨나게 돼요. 왜냐하면 1%의 번뜩이는 영감은 지식과 정보가 배합되고 섞여서 새로운 어떤 것으로 바뀌는 것을 말하기 때문이죠. 지식과 정보를 섞어야 하는데 머릿속에 지식과 정보가 없다면 창의적 생각이 나올 수 없는 거죠. 비빔밥을 생각해보면 금방 이해될 거예요. 좋은 재료들이 많이 있어서 밥과 섞어 비빌 수 있으면 훌륭한 비빔밥이 나오는데, 그런 재료가 없는 상황에서 어떻게 비빔밥이 나올 수 있겠어요? ^^

지식과 정보가 먼저 축적되고 그런 다음에 몰입을 해야 1%의 창의적 영감이 나온다는 것은 광고 문안을 작성하는 과정을 살펴보면 잘 알 수 있어요. 카피라이터(광고 문안가)는 광고 문안을 의뢰하는 회사로부터 각종 정보를 제공받아요. 그 제품의 특성, 같은 제품군에 대한 소비자의 욕구, 제품의 포지셔닝과 마케팅 컨셉 등등을 광고 문안가에 제공하는 거지요. 그러면 광고 문안가는 그것을 정독하고 꼼꼼이 정리해보죠. 여기에다 자신이 갖고 있는 자료나 정보, 주로 사회적 트렌드나 소비자 요구에 관한 자료들을 첨가시키고, 또한 주변 사람들을 통해 그 제품에 대한 장단점을 다시 확인하죠. 이렇게 가능한 모든 정보를 정리해서 자신의 머릿속에 밀어 넣죠. 지식과 정보의 축적 과정이 끝나면 그 다음에 몰입 과정이 있게 되죠. 이번 광고의 컨셉이 무엇인가, 여기에 적합한 광고 문안이 무엇인가, 그것들이 소비자 마음을 움직일 수 있는 강한 호소력을 갖고 있는가 등등을 생각하면서 몰입하게 돼요. 이러한 몰입 과정은 축적된 지식과 정보를 섞는 과정으로 볼 수 있고 그 과정에서 새로운 어떤 것이 튀어나오는 것이죠. 그게 바로 1%의 창의적 영감이에요.

그런데 참 이상해요. 그렇게 몰입하고 있을 때 나오는 아이디어는 별로예요. 집중적으로 몰입한 시간에는 소비자 마음을 휘어잡는 광고 문안이 잘 떠오르지 않아요. 우리의 머리도 숙성 기간이 필요한가 봐요. 음식만 숙성시키는 것이 아니라 우리의 머리도 숙성 과정을 거쳐야만 좋은 아이디어를 내는 것이죠. 몰입한 후에 휴식기를 거쳐야 좋은 광고 문안이 나오기 때문에 일주일이고 열흘이고 아무 생각도 않고 TV를 보거나 시장을 돌아다니거나 영화를 보거나 하면서 빈둥거리죠. 그러다가 갑자기 어떤 아이디어가 번쩍 떠오르죠. 이때 재빨리 그 아이디어의 핵심을 잡아 메모해두는 거예요. 심지어 잠잘 때에도 머리맡에 종이와 연필을 두고 꿈 속에서 좋은 아이디어가 나오면 벌떡 일어나 기본적인 것을 메모해두고 잠을 자죠. 아침에 일어나 그것을 보고 꿈 속에서 나타난 좋은 아이디어를 다시 떠올리는 거예요.

몰입은 이렇게 그 스스로 지식과 정보를 배합하여 새롭고 번뜩이는 창의적인 것을 만들어내죠. 우리의 두뇌는 그러한 능력을 갖고 있어요. 누구나 다 할 수 있어요. 인생에서 어떤 한 분야에 이러한 몰입을 몇 년간 하면, 그것을 바탕으로 자신만의 독창적인 것을 만들어 내고 자신을 뜨게 할 수 있어요. 프로가 되기 위해 3년이 필요하다는 것은 바로 이것을 말하는 것이죠. 지금 이 순간에 자신의 성공담을 강연하면서 그것을 남에게 나눠주는 수많은 사람들은 백이면 백 모두 이런 과정을 거친 거예요.

만약 그렇게 정말 미쳐서 몰입해 보았는데 당신이 뜨지 않는다면? 그래도 걱정하지 마세요. 새로운 지식과 정보를 만나면서 또 다른 창의적인 아이디어와 발상으로 계속적으로 일을 만들어 나갈 수 있어요. 단 한 번으로 뜰 수도 있지만 10년, 20년 지난 다음에 뜰 수도 있는 거예요. 창의적인 것은 '나'를 뜨게 만들거나 아니면 평생 젊게 살게 하거나, 둘 중의 하나로 '나'를 만들어줄 거예요. 그러기 위해서는 호기심을 놓치지 마라. 열정을 갖고 그 분야의 지식을 쌓아가라. 그리고 이제는 혼자서 하지 말고 뜻이 맞는 사람끼리 같이 하라. 이렇게 말하고 싶어요. ^^

전문가 수준으로 '나'를 끌어올리는
독서 방법

전문가 뺨을 치는 독서 방법

고등학교에 들어와서 공부의 절벽을 느낀 사람이 많을 거예요. 특히 수학에서 커다란 좌절감을 맛보게 되죠. 제가 그랬어요. ^^ 그런데 독서에도 그런 절벽이 있더라구요. 그것을 대학에 가서 느꼈죠. 독서에도 수준이 있어서 이 벽을 넘지 않으면 독서가로서 또는 전문가로서 식견을 쌓을 수 없어요. 대학의 임무는 이러한 독서의 벽을 넘게 하여 지식인으로서 또는 학자로서 기본 소양을 쌓게 하는 것인데, 많은 사람이 이 벽을 넘지 못하는 것 같아요. 이 벽을 넘지 못하면 대학 시절 전공 서적 몇 권, 소설 몇 권, 시사주간지 몇 권, 자기 계발서나 에세이 몇 권 읽는 정도에 머무르죠.

독서도 의식적으로 노력해야 이 벽을 넘을 수 있어요. 꾸준히 1년 내지 2년 독서를 하다 보면 이런 벽을 넘는 것 같아요. 대학교 1학년이나 2학년 과정에서 대학 수준의 독서 능력을 갖추는 게 좋아요. 대학 수준의 전문지식이나 전문교양을 받아들이기 위해서는 개념과 어휘가 익숙해져야 하고, 또 관련된 배경 지식을 쌓아야 하죠. 여기에 도움을 줄 수 있는 책들이 인문과학이나 사회과학의 책일 거예요. 이 분야의 개념이나 이론들은 추상적이기 때문에, 이런 것들을 이해할 능력이 생기면 자연과학이나 예술 등 다른 분야의 전문 서적을 읽어도 충분히 이해할 수 있는 것이죠.

그리고 독서 능력을 키우는 데에는 고전도 좋은 교재가 되죠. 동양이나 서양의 고전을 몇 권 반복해서 읽어도 문리文理가 트이게 돼요. 고전을 읽는 것은 쉽지 않기 때문에 고전 읽는 것 자체가 글 읽는 힘을 키워주게 되죠. 김윤식 교수는 이런 말씀을 하시더군요. "고전은 읽다가 너무 지겨워서, 읽다가 나가서 목 매고 싶은 책이다." 전문가도 머리에 쥐가 날 정도로 읽기 힘들다는 것이죠. ^^

생판 모르는 분야에 접근하여, 그 분야의 대강을 정리하고 핵심을 잡아내는 독서 방법은 없을까요? 빠른 시간 내에 낯선 분야를 전문가 수준으로 이해할 수 있는 독서 방법은 어떻게 가능할까요? 만약 당신이 이러한 문제의식을 갖고 있다면, 당신은 이미 그 절반을 해결하고 있어요. 뻥이 아니에요. 왜냐하면 독서의 가장 중요한 포인트를 당신이 갖고 있기 때문이에요. 생판 모르는 분야에 접근하려는 이유를 갖고 있기 때문이죠. 이것을 우리는 지적 호기심이라고 하잖아요. 궁금해 하고 알고 싶은 욕구가 있다면, 전문가 수준의 독서에 이미 한 발을 담가 놓은 거예요. 바로 당신이! 그것이 업무 때문에 아니면 과제 때문에 어쩔 수 없이 해야 하는 거라고 해도 상관없어요. 그 분야의 핵심을 잡고 싶다는 욕구가 있으면 되는 거예요.

당신의 문제의식과 관점을 갖고, 그리고서 대형 서점으로 가보세요. 관심 분야의 책들이 진열된 곳으로 가서 수백 권의 책을 살펴보는 거예요. 제목을 통해서 일차적으로 책을 선정한 후, 목차도 보고 머리말도 보고 가끔씩 본문의 내용을 보는 거예요. 번역서인 경우에는 역자후기도 읽어보구요. 이렇게 꽂혀 있는 책들을 3시간 내지 4시간 정도 하나 하나 살펴보면, 자신의 문제의식과 관련된 책들이 보이게 되죠. 이렇게 검토한 후 당신의 궁금증을 해결해 줄 책 10여 권을 다시 살펴보고, 자기가 꼭 보아야겠다는 책을 몇 권 사서 집으로 오는 거예요. 집에 와서 그 책을 살펴보거나 읽어보면 그 분야의 '교과서적인' 책이 어떤 책인지 알게 되고 그 분야에서 이름난 전문가나 교수도 알게 되죠. '교과서적인' 책을 정독하면서 내용을 정리하게 되면 당신은 그 분야에 대해 식견을 가진 전문가로 발돋움하는 것이죠. 그리고 '교과서적인' 책을 읽다 보면 저자가 참고한 문헌이나 논문도 파악할 수 있고 그런 책들을 다시 읽어 보면 당신의 문제의식이 더욱 심화되기 마련이에요.

사실 직장생활을 하면 업무를 보거나 많은 사람을 만나야 하기 때문에 독서하기가 쉽지 않아요. 더구나 이런 전문 서적을 읽는다는 것은 대단한 노력이 필요하죠. 가끔씩 주어지는 1시간 내지 2시간에 책을 읽을 수 밖에 없을 거예요. 그래서 몰입할 수 있는 시간에 책의 일부를 읽고 상당시간이 지난 다음에 다시 책을 읽는 독서방법을 잘 활용해야 할 거예요. 몰입독서→휴식→몰입독서→휴식의 독서방법을 취하면서 최대의 효과를 노리는 거에요. 먼저 몰입해서 1시간 내지 2시간 독서를 할 때에는 많은 양을 읽기 보다는 적은 양이라도 충분히 이해하면서 읽는 거예요. 주요 내용에 밑줄을 치거나 책 내용에 대해 자신의 생각을 메모해두는 것이죠. 그러니까 읽다가 사색도 하고 자신의 문제의식도 정리하는 거예요. 그 책을 읽는 이유도 뚜렷하고 문제의식도 분명하기 때문에 자기 나름대로 주석을 달거나 비판할 수도 있어요. 당신이 읽는 그 책은 바로 '교과서적인' 책이기 때문에 그렇게 읽어야 하는 것이죠. 그렇게 밑줄을 치면서 읽은 부분, 그 옆에 메모해둔 당신의 생각은, 당신이 올려야 할 보고서나 기획서에서 핵심적 부분을 구성할 수도 있어요.

그리고 책을 읽지 못하는 독서휴식의 기간에는 그 책의 내용을 간간이 떠올리고 생각해보는 거예요. 특히 자신이 어떤 해결책을 찾으려 하거나 중요한 아이디어를 만들어야 할 경우에는 이런 독서휴식의 기간을 잘 활용하면 좋은 결과를 이끌어낼 수 있어요. 우리 머리는 이러한 휴식기간에 아이디어를 만들어 내거든요. '배경지식 쌓기→몰입하여 정신집중하고 해결책 찾기→ 휴식기간 갖기→창의적 아이디어 내오기!' 바로 이 과정이 아이디어가 나오는 과정이기 때문에 독서의 휴식기간을 이렇게 활용할 수 있는 것이죠. ^^

인터넷을 통하면 백과사전식 개념어 정리를 할 수 있고 사람들이 궁금해 하는 포인트를 확인할 수 있어요. 그리고 실무적인 것에 대한 자세한 정보를 얻을 수 있죠. 그런데 추상적이고 이론적인 전문지식은 아무래도 서적을 통해서 독서를 해야 해요. 서적을 통한 지식과 인터넷을 통한 지식은 수준차가 크다고 볼 수 있어요. 만약 10권의 책을 산다면 그 사람은 10개의 아이디어를 갖게 되고 1권의 책을 산다면 1권의 아이디어를 갖게 될 거예요. 왜냐하면 10권의 값이 가까워서라도 그 10권의 책을 이렇게도 보고 저렇게도 보니까 당연히 지식 수준의 차이가 나게 마련이거든요.

독서를 통해서 기회를 모색한다

60년대 70년대 기업성공의 신화가 있다면 80년대 90년대에 걸맞는 기업성공의 신화가 있게 마련이죠. 80년대 90년대 기업성공의 신화로 이랜드 회사를 꼽을 수 있어요. 80년대 초 이대 앞의 2평짜리 옷가게에서 출발하여 창업 10년만에 매출 1조 원이 넘는 기업으로 성장하였고 지금도 사세를 확장하고 있죠.

이랜드는 회사경영에서 독특한 점이 있어요. 바로 '독서경영'을 하고 있다는 점이에요. 이랜드는 직원들이 그 달에 읽어야 할 필독 도서를 공지한다고 해요. 그리고 승진 시험도 이러한 필독 도서에서 시험을 보고요. 이랜드의 이러한 독서경영은 창업주의 젊은 시절 경험과 관련이 있어요. 대학 다닐 때 2년 동안 병으로 누워있었다고 해요. 그때 약 3000권 정도의 독서를 했다고 전해지고 회사를 창업한 이후에도 계속적으로 독서를 하고 있다는 것이죠. 독서를 통해서 세상에 대한 통찰력을 얻게 되고 그것이 새로운 사업영역을 개척하는데 기여하는 것이죠.

세상에 대한 통찰력이란 무엇인가요? 남들이 보지 못한 것들을 찾아내고 거기에 접근할 수 있는 방법까지 마련하는 것이 아닌가요? 앞으로 세상이 어떻게 변하고 얼마나 변할 것인지 생각해보고, 그런 변화 속에서 사람들에게 가치 있는 것을 찾아내는 것이 통찰력이라고 할 수 있어요. 그런 것을 볼 수 있다면 또 그런 것을 찾아낼 수 있다면 어떤 기회가 당신에게 다가올 거예요. 기회는 아무에게나 오는 것이 아니죠. 두 눈을 부릅뜨고 세상의 물줄기를 바라볼 때 오는 것이죠. 독서는 세상 물줄기 속을 꿰뚫고 밑바닥까지 살펴볼 수 있는 힘을 주는 것이죠.

독서는 통찰력뿐만 아니라 상상력도 함께 불어 넣어 주죠. 질문을 하나 할게요. 책을 읽는 것과 영화를 보는 것 중에서 어느 것이 더 상상력을 자극할까요? 영화라고 생각할 사람이 많을 거예요. 그런데 실제로는 독서가 더 상상력을 자극한다고 그래요. TV가 바보 상자라는 말이 있잖아요. 영상매체보다 인쇄매체가 두뇌에 더 자극을 주는 것이죠. 책은 처음부터 끝까지 읽어야만 온전히 그 내용을 이해할 수 있어요. 이 과정 자체가 두뇌의 온 능력을 요구하는 것이죠. 이런 집중력이 부족할 때 책 읽는 것은 스트레스로 다가오지만, 배경지식이 충분한 사람은 그것을 견디며 읽게 되는 것이죠. 이런 사람은 독서할 때 집중과 몰입의 수준이 대단하죠. 반면에 영화에서의 몰입은 화면의 내용을 비판적으로 생각할 시간적 여유 없이 이루어지기 때문에 우리 두뇌는 그냥 받아들이기만 하죠. 우리 두뇌를 자극하는 것 없이 그냥 들어오기 때문에 그만큼 비판력과 상상력이 떨어지는 것이에요.

또 독서는 글과 글 사이에 숨어있는 '행간의 의미'를 찾아내는 과정이 수반되죠. 이것은 책을 읽는 동안 자신이 의식하지 않아도 일어나는 두뇌활동이에요. 이러한 사고능력을 추론적 사고라고 하는데 그것의 특성은 상상력이에요. 그러니까 책을 많이 읽는 사람이 상상력이 풍부할 수밖에 없어요. 독서를 하게 되면 내가 원하지 않아도 공짜로 이득이 생기는데 그 공짜 이득이 '나'의 인생을 바꾸게 할 수 있어요. 세상에서 가장 값싼 것이 공짜잖아요. 이렇게 가장 값싼 것이 나를 가장 값비싸게 만들어주고 있어요. 그러니 독서를 할 수밖에.

인문학적 능력이란

인문학적 능력이 없는 사람은 아마 아무도 없을 거예요. 인문학이란 인간에 관한 거잖아요. 그러니까 인간이라면 누구나 그것을 갖고 있겠죠. 인간에 관한 것, 인간이 사는 사회와 사람 사이의 관계에 관한 것, 그리고 인간이 살아온 역사에 관한 것은 누구든지 자기 나름대로 식견을 갖고 있을 거예요. 그래서 '사람은 누구나 철학자이다' 라고 그러잖아요.

그리고 인문학적 방법이나 능력을 이용한 것들을 우리 생활 곳곳에서 볼 수 있어요. 사람이 살아가는 삶 자체가 인문학적인데, 인문학적 능력의 쓰임새가 우리 일상생활에 착 달라붙어 있겠죠.

'저, 따뜻한 남자예요. 부드러운 남자예요.' 강연이나 강의에서 제가 자주 하는 말이에요. 저의 목소리가 너무 푸근해서 가끔 일부 사람들은 황홀경에 빠지고 꿈나라 일보직전까지 가거든요. ^.^ 자신의 감정을 표현하는 능력이나 또는 그것을 받아들여 공감하는 능력도 인문학적 능력이죠. 그렇게 보면 저의 목소리는 너무 인문학적인가요? 요사이 각종 오디션 프로그램들이 방영되고 있는데 저의 귀에 '아티스트'라는 말이 들어오더라구요. '아티스트는 자신의 감정을 표현할 수 있는 사람이다.' 대중문화뿐만 아니라 상품의 디자인에서도 사람의 감성을 건드리고 있죠. 이와 같은 감성적 능력은 인문학과 관련되어 있어요.

감성 능력뿐만 아니라 사람의 사고 능력도 인문학적 능력이에요. 사고 능력은 먼저 지식을 습득하는 과정과 밀접히 관련되죠. 복잡하고 세세한 지식을 분류하고 자기 나름대로 덩어리로 나누어 범주화하는 능력이죠. 중학교, 고등학교 때 내신 공부한 것도 이와 관련이 있어요. 내신이 잘 나오는 친구들은 이런 능력이 좋았던 것이죠. 그리고 공무원 시험에서도 이런 능력이 뛰어난 사람이 합격할 가능성이 크죠. 단순히 머리 좋은 사람이 합격하는 게 아니에요. 그러고 보니 인문학적 능력을 활용해야 할 분야가 우리 주위 곳곳에 있네요.

분류하고 범주화하는 것은 사물을 분석하고 정리하는 것과 관련될 거예요. 이와 같은 분석적 능력에서는 사물을 나누는 어떤 기준을 설정해야 해요. 그런 기준 설정이 객관적으로 근거가 있고 다른 사람이 타당하다고 느낄 수 있어야 해요. 이 책을 읽으면서 '기회 만들기' 5가지 전략에 대해 고개를 끄덕이셨나요? 만약 그렇다면 분류 기준에 대해서 공감하신 것이고 그것을 찾아낸 저의 분석적 결과들을 검토하고 계실 거예요. ^.^

역사를 공부하면 사람에게 또 다른 능력을 주는 것 같아요. 저는 그것을 통찰력이라고 말하고 싶어요. 동양의 역사책은 후세 사람들에게 교훈을 남기기 위해 써졌잖아요. 역사에서 찾을 수 있는 교훈이 바로 통찰력과 관련된다고 생각해요. 인간이 어떻게 살아야 하는지 국가와 사회를 어떻게 이끌어야 하는지 사람의 마음을 어떻게 얻어야 하고 어떻게 움직여야 하는지 등등에 대해 깊게 생각하도록 하지요. 그와 더불어 가치 판단력도 함께 키워주는 것 같아요. 사람이 살아가는데 필요한 도덕적 원리나 가치적 판단도 역사를 많이 알면 알수록 그 힘이 세지죠. 그래서 우리가 지금 살고 있는 현재가 후세 사람에게 모범이 될 수 있는 역사가 되도록 만든다는 것은 아주 중요할 거예요. 모범으로 삼고 돌아가 볼 역사가 없다면 얼마나 불행하겠어요?

인문학적 능력에서 빼놓을 수 없는 것이 바로 상상력이죠. 상상력은 창의력과도 관련되어 있어서 인문학적 능력의 꽃이라고 할 수 있을 거예요. 그런데 상상력은 단순히 어떤 것을 꿈꾸는 능력이 아니에요. 상상은 무엇인가를 기반으로 하여 상상하게 되죠. 그래서 상상력은 그 기반이 되는 지식 수준과 사고 수준을 포함하고 있어요. 배경지식이 많을수록 상상력이 뛰어나다고 볼 수 있어요. 이와 같은 상상력은 사물대상 사이에 유사점과 차이점을 찾아내어 다른 곳으로 확장하는 능력을 말하죠.

이 부분을 쓰다가 이런 상상을 했어요. 'MS사는 소프트웨어 업체이지만 우리의 상식과 달리 분석적 측면에서 사업을 전개하고 있다. 왜냐하면 컴퓨터라는 기계와 대화하는 O/S 프로그램은 상상력보다는 분석력에 더 의존하기 때문이다.' 이런 상상이 맞을까요? 더 연구해보면 알 수 있겠지만 그냥 상상만 했어요. ^^ '반면에 애플사는 맥킨토시라는 하드웨어 업체에서 출발했지만 상상력에서 사업을 전개할 수밖에 없었다. 왜냐하면 기계자체 즉 컴퓨터를 새롭게 구성해야 하는데 그러기 위해서는 상상력으로 기존 컴퓨터를 바꾸어야 했던 것이다. 핸드폰과 MP3의 유사점과 차이점에 주목하여 핸드폰을 컴퓨터화하지 않았을까?' 애플사에 대한 저의 상상은 대략 맞지 않을까요?

「인문영재 교육 프로그램 개발」(최지현, 서원대학교 교수)이라는 논문을 보면 인문학적 능력에는 언어적 능력까지 포함하여 이야기하고 있어요. 그런데 이 논문에서 저의 눈길을 잡는 부분이 있었어요. 인문학적 능력은 '장기간의 학습'의 결과로서 나온다는 거예요. 그러니까 한두 권의 인문학 서적이나 고전을 읽는다고 인문학적 능력이 생기지 않는다는 것이죠. 그리고 인문학의 분야는 매우 광범위한 영역에 걸쳐 있어요. 또 인문학적 능력은 따로따로 존재하는 것이 아니라 서로 융합되어 나타나죠. 인문학적 능력은 매우 필요한 것이지만 쉽게 획득되지 않는 이유가 여기에 있을 거예요. 앞에서 말한, '프로가 되는 3년의 시간' 또는 사회 초년생활 10년의 시간에 꾸준히 노력해야만 인문학적 능력을 얻을 수 있을 거예요. 그래서 '여러 분야에 관심과 호기심을 가져라. 꾸준히 독서하고 지식을 쌓아라. 어떤 과제에 몰입하고 아이디어를 의도적으로 산출하라. 방법론에 관심을 가져라.' 이렇게 말하고 싶어요.

느리고 오래 걸리지만 강력한 한 방이 있다

인문학을 무시해서는 안 된다는 것을 우리 사회가 인식하고 있는 것 같
아요. 인문학이 돈 버는데 아주 중요한 요소라는 것을 알아차린 것이죠.
그 동안 경제성장 과정에서 과학이나 기술을 중시하고 물적物的인 것에
중점을 두었지만 이제 경제성장이 둔화된 상황에서 창의적인 인적人的인
것이 돌파구가 된다는 것을 알게 된 것이죠.

문화산업이 크게 성행하니까 국문학이 콘텐츠학과로 바뀌기도 하면서
이야기 흐름, 서사적인 것에 관심이 커지고 있죠. 또 고전문학이 번역되거
나 문화산업의 소재로 제공되기도 하구요. 그런가 하면 초중고 교육과정
에서도 인문학을 강화하거나 활용하기 시작했어요. 서술형 문제나 논술
형 문제가 이제는 낯설지 않게 되었고, 수학에서도 스토리텔링을 도입하
여 수학에 대한 흥미를 높이고 수학적 사고력을 높이는데 인문학적인 것
이 활용되고 있죠.

또 과학교육에서는 융합교육이 강조되어 STEAM교육이 활기를 띠고
있어요. '수학+과학+기술+공학+예술'의 융합으로 과학에 대한 흥미를 유
발하고 창의적인 과학기술 인재를 육성하려고 하죠. 실제로 기업에서는
상품의 디자인 요소를 강화하여 디자인에 대한 연구와 투자가 진행되고
있구요.

그럼에도 불구하고 인문학의 위기는 더욱 커지는 것 같아요. 대학에
서 인문학과 관련된 학과가 폐지되고, 사회에서는 인문학 전공자의 취업

이 하늘의 별따기에요. 인문학은 강조되는데 인문학 위기는 더욱 심화되는 모순현상은 왜 일어날까요? 이는 인문학을 실용적으로 접근하기 때문이라고 생각해요. 인문학을 그 자체로 대해 주고 인문학을 그 자체로 육성해야 하는데 그렇지 않은 것이죠. 돈 벌기 위한 수단으로 생각하니까 단기적으로 성과가 있어야 하고 투자한 돈을 빨리 회수해야 한다는 거예요. 인문학은 그냥 돈 잡아먹는 것이라고 생각하고 계속적으로 투자해야 할 거예요. 그래야 거기서 넘쳐 나오는 것이 있거든요. 저는 스티브 잡스 생의 말년에 아이폰이 나왔다는 사실에 주목하고 싶어요. 이것이 무엇을 의미할까요? 인문학적인 것이 사회적으로 실현하는 데에는 시간이 오래 걸린다는 거예요. 그러나 그것은 강력한 한 방을 터뜨리죠. 사회 차원에서도 그렇지만 개인 차원에서도 그렇다고 생각해요. 너무 빨리 가려고 하지 말고 너무 빨리 결과를 보려고 하지 마세요.

미국애들이 무서운 이유
− **광고**와 **심리학**과 **마케팅**

| 사람의 마음을 사로잡는 기술이 creative이다

TV 광고

각선미가 아름다운 아가씨가 미니스커트를 입고 유럽의 좁은 뒷골목을 걸어가고 있다. 따각따각따각. 뾰족구두의 경쾌한 소리가 로마시대에 깔아놓은 자갈길 위로 시원하게 이어진다. 이때 갑자기 웬 남자가 그 여자를 덮치고 그 여자는 길 위에 쓰러진다. '아, 저런!' '어?' 그런데 쓰러진 여자 옆 도로 위로, 2층 베란다에서 떨어진 작은 화분 하나가 파삭 깨지면서 흩어진다. '어휴!' 바로 이 순간, TV화면 아래 쪽에 이런 자막이 뜬다. "사물에는 양면성이 있습니다. 인디펜던스는 그것을 보여드리겠습니다."

영국 Independence신문의 TV런칭 launching 광고예요. 인디펜던스는 정론지를 지향했는데 그것을 잘 보여주는 광고죠. 사건에 들어있는 여러 성격을 독자들에게 제시하여 올바른 여론을 이끌겠다는 컨셉이 불과 1~2초 사이 시청자의 심리적 반전을 통해서 확실하게 전달되고 있죠. '치한이구나' 생각했는데, '아니 젠틀맨이었어'라고 심리적 반전이 일어나는 그 순간에 시청자들이 선입견에 빠졌네라고 무의식적으로 자각하는 그 찰나에 그런 선입견을 없애는 신문이 되겠다고 자신의 컨셉을 시청자에 집어넣고 있는 기막힌 광고죠. (『설득의 광고학, 김정탁 저, 나남)

코카콜라가 우리나라에 들어온 게 대략 1960년대 말일 거예요. 제가 콜라를 처음 마셔본 것도 이 시기가 아니었을까 생각해요. 초등학교 여름방학 때였어요. 아버지를 따라 서울로 잠시 올라와 북악스카이웨이 팔각정에 갔었죠. 아버지 친구분들의 약속에 제가 따라간 것이죠. 거기서 콜라를 생전 처음 마셔보았는데 멋모르고 벌컥벌컥 마시고 나니까 트림이 한 번 왕창 올라오더라구요. 코가 얼얼하고 눈물이 찔끔나고 주위에 계신 분들이 웃음을 터뜨리고……. ^^

코카콜라가 우리나라에 들어와서 광고를 하려니까 그 당시에 광고대행사가 있나 기획사가 있기를 한가, 결국 대기업 홍보실에 근무하던 사람에게 광고 문안을 의뢰하게 돼요. 'the real thing', 이것을 우리말로 바꾸라는 거예요. '진짜 물건이야'라는 뜻이지만 이렇게 광고할 수는 없잖아요. 그래서 겨울 북한산에 올라 눈을 한 컵 떠서 빙수처럼 콜라를 뿌려서 그 맛을 보기도 하고 집에 와서는 콜라를 끓여서 먹어보기도 하면서 그렇게 끙끙대면서 나온 광고 문안이 "오직 그것뿐!" 이에요. 1990년대 중반 제가 광고 1세대 원로분들에게 카피copy, 광고 문안 수업을 받으면서 당사자로부터 직접 들은 이야기예요. 그러면서 그분 하시는 말, "콜라, 절대 끓여먹지 마라. 구역질난다." ^^

광고는 사람의 지갑을 열려고 해요. 그런데 사람의 지갑을 열기 전에 먼저 마음을 열어야 해요. 사람의 마음을 여는데 기술이 필요하다는 것을 미국애들이 제일 먼저 알아차린 거예요. 사람의 마음을 여는데 기여하는 것이 바로 creative(=창의성 또는 번뜩이는 아이디어)이죠. 크리에이티브가 실현되어서 사람들에게 제시되는 것이 바로 카피(=광고 문안)이구요.

광고 문안은 무엇보다 사람들의 시선을 사로잡아야 해요. 흔하고 평범한 것에 사람들은 관심을 보이지 않죠. 낯설게 해서 소비자의 마음을 사로잡아야 하는데 여기서 한 걸음 더 나아가야 해요. 낯설게 하는 것에 그쳐서는 안돼요. 감동을 주어야 해요. 소비자 마음에 감동을 주고 소비자 마음을 높이 받들면서 설득해 나가야 하는 것이죠.

사람의 마음을 사로잡으려 할 때는 직접적인 설득 방식보다는 간접적으로 우회하는 방식이 더 효과적이에요. EBS 다큐프라임 「언어발달의 수수께끼-2부」를 살펴보면 이 점을 잘 알 수 있어요. "I am blind." 뉴욕 시내에서 한 맹인이 목에 이런 문구를 쓴 종이를 걸고 앉아 있어요. 그런데 지나가는 사람 어느 누구도 관심을 보이지 않아요. '나, 맹인이니까 도와줘.' 라는 직접적인 방식으로 메시지를 던지고 있는 것이죠.

이때, 앙드레 불튼이라는 시인이 지나가다가 이것을 보고 이렇게 글귀를 바꾸어 주죠. "Spring is coming, but I can't see it(봄은 오는데 저는 볼 수 없습니다)." 그러자 사람들이 관심을 보이고 그 맹인의 깡통에 돈을 넣기 시작하는 거예요. 간접적으로 메시지를 전달하는 것은 상대방에게 해석의 권한을 넘겨주는 것이죠. 상대방이 주도적이고 주체가 되는 방식을 취하는 거예요. 상대방의 심리적 정체성을 존중해줄 때 상대방의 마음이 열리고 상대방을 설득할 수 있는 것이죠. 이렇게 사람의 마음을 사로잡는 데에도 기술이 있다니까요.

전략은 상대방으로부터 출발한다

'나에게서 출발하지 말고 상대방으로부터 출발하라.' 저는 이게 마케팅 불변의 법칙이라 생각해요. 유재완형 마케팅 불변의 법칙! '먼저 상대방으로부터 출발하고 그리고나서 나를 여기에 관련시켜라.' 그러니까 상대방만 생각하는 것이 아니죠. 상대방을 먼저 생각하고 그 다음에 나를 생각하는 것이니까, 인간에 대해서 그리고 사람 사이의 관계에 대해서 연구하라는 것이죠. 인간에 대해서 가장 많이 연구한 나라는 두 나라가 있다고 생각해요. 하나는 중국이고 다른 하나는 미국인데 서로 방향이 다른 것 같아요.

'지피지기 백전불퇴'라는 손자 사상은 마케팅 불변의 법칙과 정확히 일치하는 것 같아요. '상대방을 알고 나를 알면 백번 싸워도 망하지 않는다'는 전쟁 전략론으로 나온 것이지만, 이것은 마케팅에 그대로 적용해도 상관없을 거예요. 중국은 고대부터 인간에 대한 연구를 이러한 전략론에 입각해서 사람들에게 교훈을 남기려고 하죠. 사마천의 『사기』에는 '열

전'이라는 부분이 있어 여러 사람의 일대기를 전해주고 있잖아요. 중국은 이처럼 경험적으로, 직관적으로 그리고 명분론적으로 인간에 접근하면서 사람을 움직이는 방편으로 명분을 활용하는 것 같아요.

그런데 미국은 인간을 심리학적인 과학실험으로 세세하게 연구하면서 사람을 기술적으로 움직이려고 해요. 미국은 땅이 넓어서 20세기 초반 자본주의가 성장할 때부터 기업들이 미국 전역을 대상으로 광고와 마케팅을 하기 시작했죠. 그리고 2차 세계대전 당시에 심리전을 위해 인간심리를 연구하였던 심리학이, 전쟁이 끝나자 이제는 마케팅 수단으로 자리 잡게 된 것이죠. 그래서 광고, 마케팅, 심리학은 하나로 묶여 있는 것으로 볼 수 있어요. 스티브 잡스가 인문학도 5,000명을 영입할 때 빠지지 않았던 분야가 바로 심리학이에요. 창의성을 키우는데 심리학은 빠져서 안 될 부분이 된 거예요.

이미지의
무서움을 아는가

OB 맥주의 '랄랄라' 광고를 보고서 흘리는 피눈물

1990년대 중반 OB-하이트 맥주 전쟁이 시작될 무렵 하이트 맥주가 치고 올라오는 기세가 무서웠었죠. OB에서 여러 대응책을 내놓았지만 그 기세를 꺾지 못하였어요. ICE맥주니 NEX맥주니 하면서 새로운 맥주를 출시하고 대대적인 광고를 했지만 결과는 제 살 깎아먹기! OB 맥주의 원래 상품 점유율만 떨어지는 거예요. OB의 원래 맥주가 라거 맥주였고 소비자들의 충성도가 높았어요. 그래서 브랜드를 OB 라거로 바꾸고 대대적인 광고에 들어갔어요.

맥주는 밤 11시 전후에 집중적으로 광고하죠. 이 시간대에 맥주 소비가 한창 이루어진다는 것이죠. 가정에서 이 시간대에 부부가 TV를 보면서 서로 한잔 하는 경우가 많죠. 그래서 90년대 중반 최고의 인기를 누리고 있던 영화배우 박중훈을 모델로 OB에서 라거 맥주에 대한 광고를 시작한 거예요. 제가 집에서 TV를 리모컨으로 이리 돌리고 저리 돌리고 있는데, 어라? 이상한 거예요. 박중훈이 나와서 같은 광고를 하는데 멘트가 달랐어요. '두 분이 오랜만에 같이 앉으셨군요? 맥주 한잔 하시죠?' 그런데 다른 채널에서는 '혼자 쓸쓸히 앉아계시군요? 그럼 저와 맥주 한잔 하시죠?' 대략 이런 멘트였어요. 무슨 맥락인지 아시겠죠? 이 광고로 맥주 소비가 늘어날까요 아니면 그냥 그대로일까요? 광고 집행 후에는 시장분석을 당연히 하죠. 조사 결과는 맥주 소비가 늘어난 것으로 나왔을 거예요. 광고 멘트가 호소력 있잖아요.

그런데 OB 맥주의 소비가 늘어난 게 아니에요. 경쟁업체의 맥주 소비가 늘어난 거예요. 경쟁업체의 맥주를 광고해준 꼴이죠. 물론 이것은 저의 추측이에요. ^^ 당시 신문기사나 광고 흐름을 보고서 그렇게 판단한 거예요. 맥주 전쟁은 당시 사회적으로 대단한 흥밋거리라 신문에 맥주업체의 기사가 자주 실렸었죠. 하이트 맥주의 소비가 늘어났다는 것을 알 수 있었던 것은 박중훈의 이 광고가 바로 사라졌다는 거예요. OB 맥주의 소비가 늘어났다면 바로 사라질 이유가 없잖아요.

사람들이 가게에서 맥주를 살 때 "하이트 주세요"라고 말하기 시작한 거예요. '맥주=OB'라는 등식이 깨지고 사람들의 머릿속에 '맥주하면 하이트'라는 이미지가 심어진 것이죠. OB에 대한 이미지가 사람들 머릿속에서 사라진 거예요. 이것을 보고받은 OB 맥주의 최고 경영진은 대경실색하였을 것이고 정말 머릿속이 하얗게 되었을 거예요. OB에 대한 이미지가 소비자 머릿속에서 사라지고 있다는 점은 바로 이어서 진행된 OB 맥주의 광고를 보면 알 수 있어요. 이게 유명한 '랄랄라' 광고죠. 저는 '랄랄라' 광고의 1탄이 뚜렷하게 기억나요. 랄랄라 광고가 히트해서 계속 이어졌는데 1탄의 광고 형식이 계속되었죠. 박중훈 특유의 코믹한 행동과 표정 연기, 그리고 트위스트 춤으로 이루어진 광고였어요. 그런데 랄랄라 광고에서 마지막 장면이 특이했어요. TV화면 네 모퉁이에 커다란 글씨가 하나씩 박혀있는 거예요. O-B-라-거! 특히 1탄에서는 박중훈이 입을 찢어지도록 벌리면서 'OB 라거'를 외치는 거예요. '맥주는 OB예요. 머릿속에서 지우지 마세요.'라고 절규하는 것이죠.

OB 맥주의 최고 경영진들은 아마 이 광고를 보면서 피눈물을 흘리면서 절규했을 거라고 생각해요. 40~50년 동안 맥주 시장에서 1등이었고, 완전독점이면 안 되니까 그래서 옆에 그냥 붙여 놓은 경쟁업체였는데, 그 업체가 1등이 되고 소비자의 머릿속에 들어앉았으니까요. 여하튼 'OB 라거'를 외친 덕에 하이트 맥주가 주춤거리고, 그 기세가 꺾이게 된 것 같아요. 시장 상황을 추스르고 가다듬은 OB 맥주의 두산 기업은 구조조정과 매각을 통해서 새롭게 활로를 개척하죠. 우리나라 기업 중에 100년 이상의 역사를 갖고 있는 기업이 두산이에요. 두산의 창업주는 개항기 독립협회에서 발행한 독립신문에 '박가분朴家粉'이라는 제품을 광고했을 만큼 세상을 보는 눈이 있었던 것 같아요. 그리고 40~50년 된 기업을 매각하고 전혀 새로운 중공업 분야로 갈아탄다는 것이 결코 쉽지 않았을 텐데, 그런 결단을 내리고 활로를 개척한 힘이 어디에서 나올까요? 저는 기업 연륜이 100년 넘었다는 것이 그냥 있는 게 아니라고 생각해요. 이것도 '맥주 전쟁'에서 눈여겨 보아야 할 중요한 지점이라고 생각해요.

이미지는 허상이 아니라 '나'의 피와 살이다

이미지의 정의에 따르면, 이미지는 허상이죠. 감각기관을 통하지 않고 기억이나 상상 또는 논리적 과정을 통해서 떠오르는 영상이 이미지거든요. 실제 눈으로 보고 있지 않은데, 어떤 영상이 떠오른다면 그게 허상이잖아요. 그런데 이미지는 허상이 아니에요. '나'의 피와 살이 될 수 있어요. 허상인 이미지가 진짜처럼 행세하는 사회적 현상을 보드리야르라는 프랑스 철학자는 '시뮬라시옹'이라고 말하였죠. 영어로는 시뮬레이션이죠. 이처럼 현대 사회는 이미지의 시대가 된 거예요.

이미지가 허상이 아니고 '피와 살'을 갖게 된 이유는 인간의 인식 능력과 관련되는 것 같아요. 사람의 머리는 스트레스를 받지 않으려고 한두 개 정도의 브랜드만 기억한대요. 한 번에 머릿속에 저장되는 정보는 7~8개 정도이고, 나머지 정보는 저장되지 않는대요. 그리고 7~8개 정도 저장된 정보 중에서 1~2개 정도만 저장된 곳에서 불러올 수 있다는 거예요. 그러니까 사람들의 머리에 어떤 상품의 이미지를 새롭게 심어주려는 것은 거의 불가능에 가깝죠. 기존 이미지가 떡하니 자리잡고 있기 때문이죠. 사람들이 일등만 기억하는 이유도 이와 관련이 있는 거예요. 그리고 광고나 기획에서 가장 중요한 성공 요소로 꼽는 것이 '유니크하냐'인데, 그것은 시장에서 없는 새로운 것이기 때문에 바로 일등이 될 수 있기 때문이죠. 그렇게 그 제품에 대한 이미지가 일등으로 형성되면, 후발로 나온 상품이 아무리 뛰어난 특성을 가져도 일등으로 올라가기가 쉽지 않죠.

그리고 사람은 긍정적인 것보다는 부정적인 것을 강하게 그리고 오래 기억하죠. 그래서 자신의 이미지가 부정적으로 인식되면 그것을 바꾸기가 무척 어려워요. '이미지의 낙인 효과'라고 할까요? 낙인 효과는 상대방에게 어떤 낙인을 찍으면, 상대방이 낙인찍힌 대로 행동하는 거잖아요. "그래, 난 이런 놈이야."라는 식으로 말이죠. '이미지 낙인 효과'는 상대방에게 자신의 이미지를 새겨 넣는 거니까, 상대방은 "그래, 넌 그런 놈이야."라고 판단해버리는 것이죠.

그래서 사람들에게 당신의 이미지를 잘 심어놓아야 해요. 당신을 좋아하고 같이 있고픈 사람으로 만들어야죠. 이것은 겉으로 꾸민다고 그렇게 되는 것은 아니에요. 당신의 생활 태도나 삶의 태도에서 나타나게 되죠. 초중고 시절부터 경쟁이 치열하다보니까 이기적이고 남을 배려하지 못하는 태도를 갖기 쉬워요. 그런데 공부는 자기로부터 출발하는 것이지만, 사회 생활은 상대방으로부터 출발하는 거잖아요. 공부 잘하는 사람이 사회에 적응하지 못하는 이유도 여기에 있을 거예요. 당신의 이미지를 형성하는 데에도 마케팅 불변의 법칙에 따라야 해요. '나에게서 출발하지 말고 상대방으로부터 출발하라. 상대방으로부터 출발하고 나서 나를 거기에 관련시켜라.' ^^

상대방에게 당신의 이미지를 심어주는데 약간의 기교가 필요한 것 같아요. 우리 인간의 마음은 그리 명석하지도 않고 합리적이지도 않아요. 그래서 상대방의 마음에 '아부하는' 약간의 기술이 필요한 거죠. 대화의 기술이나 외모나 옷을 가다듬는 전략 등등을 말하는 거예요. 링컨이 처음 대통령 선거에 나왔을 때는 떨어졌죠. 한 소녀가 링컨에게 편지를 보내, '수염을 길러보세요' 라고 해서 다음 선거에 수염을 기르고 나와서 당선이 됐다고 하잖아요. 수염 때문에 당선이 됐을까 의문이 들기도 하지만, 수염으로 인해서 링컨의 카리스마적 이미지가 생겨난 것은 사실일 거예요. 그래서 '옷 입는 것도 전략이다' 라는 광고 문안도 있잖아요. ^^

성공 요소를 장악하는 힘
—**기획력**

기획의 제일법칙과 제이법칙

사회에 나와서 참 많이 듣는 단어, 정말 많이 쓰는 단어가 '기획과 컨셉'일 거예요. 그리고 이 두 놈은 같이 붙어서 따라다니고 있어요. 그만큼 둘의 관계가 밀접하다는 것이죠. 회사 업무나 일에 기획과 컨셉이 관여하고 있어요. 돈 버는 것을 추구하는 영리 조직이든, 아니면 공공복지를 추구하는 비영리 조직이든, 이들 기관에서 하는 모든 일들은 기획과 컨셉을 통해서 실행되고 있어요. 자영업자에게도 심지어 어느 개인이 일을 진행할 때도 이게 필요하죠. 기획과 컨셉은 일상적이면서도 필수적인 도구가 되는 거예요.

기획은 일을 성공시키기 위해서 필요해요. 좀 더 쉬운 말로 하면, 기획은 '돈 벌기' 위해서 필요하죠. 남의 지갑을 여는 게 쉽지 않기 때문에 기획이 필요한 거예요. 마치 007 영화에서 짜자잔~ 하면서 몰래 미션을 수행하는 것처럼, 기획도 소비자의 지갑이 저절로 열리게끔 미션을 수행하는 거예요. 그래서 기획은 이 점을 분명히 해야 해요. '기획은 돈 벌어주는 설계 과정이다.' 이 점을 놓쳐서는 그 기획은 실패로 끝나죠. 이것을 '기획의 제일법칙'이라고 말할 게요.

회사에서 당신을 필요로 하는 이유가 뭘까요? 돈 버는데 당신이 필요하기 때문이에요. 당신에게 월급을 주는 이유는 회사에 돈을 벌어주어야 하기 때문이죠. 당신이 회사에 돈을 많이 벌어주면 회사는 좋아할 거예요. 많이 벌어주지 못하더라도 최소한 어느 정도는 벌어주어야 해요. 적어도 당신이 받는 월급의 3배 정도는 벌어야 해요. 회사는 인건비 이외에도 재료비, 임대료, 광고홍보비, 세금 등에 돈이 들거든요. 또 회사에서 적자를 보는 부분도 있어서, 그것을 메꾸어야 해요. 그래서 회사에서는, 회사 전체 매출액이나 당신 부서의 매출액을 직원 수만큼 나누어 직원 일인당 평균 매출액을 산출하고 있어요. 당신이 얼마만큼 돈을 벌어주나 따져 보는 거예요. 이때 자기가 받는 월급의 3배가 되지 못하면, 이 부서는 감원이 있거나 폐지될 수 있는 거예요. 기획이 '돈 버는 것'에 분명한 초점을 두어야 한다는 것을 말하다 보니, 조금 다른 이야기를 한 것 같네요. ^^

그런데 '돈 버는 설계도'를 그리는 데에도 방법과 기술이 따로 있어요. 기획 과정 자체를 말하는 것이지만, 여기에도 '유재완형 마케팅 불변의 법칙'이 적용되고 있어요. '상대방으로부터 출발하라. 그리고나서 나의 것을 상대방과 관련시켜라.' 기획 과정에서는 내가 우선이 아니고, 상대방이 우선임을 명확히 인식해야 해요. 저는 이것을 '기획의 제이법칙'이라고 말하고 싶어요. 기획 과정에서 '기획의 제일법칙'과 '기획의 제이법칙'이 어떻게 작용하는지 살펴보도록 해요.

기획의 핵심 과정 – 4MAT 모형의 변형

제가 이 부분을 정리하다가 놀란 점이 있어요. '기획 과정의 핵심을 정리해서, 이 글을 읽는 분들이 쉽게 이해할 수 있도록 해야지'라고 생각해서, 기획 과정을 제 나름대로 정리하다 보니까, '이게 4MAT 모형과 유사한 게 아니야?'라는 생각이 들더라구요. 그래서 4MAT 모형을 좀 더 탐구하였고, 이것을 새롭게 인식하게 되었죠.

4MAT 모형은 원래 교육학에서 나온 학습 모형이에요. Kolb의 학습 양식 이론과 Spery 및 Bogen의 좌뇌 우뇌 동시학습 이론을 결합하여, McCathy가 만들어 낸 교수학습 모형이에요.[*] 이것을 기획 분야와 마케팅 분야에 응용하고 있는 것이죠.

* 4MAT 학습 모형에 대해서는 다음 논문을 참고하세요. 이미라, 「4MAT 모형을 활용한 시조 창작지도 방안」, 경북대학교 교육대학원 석사학위논문, 2006. / 김정용, 「4MAT system을 활용한 과학 교수 학습」, 부산교육대학교 교육대학원 석사학위논문, 2004. 4MAT 학습 모형에 대한 서술은 이 두 논문을 참고하였어요.

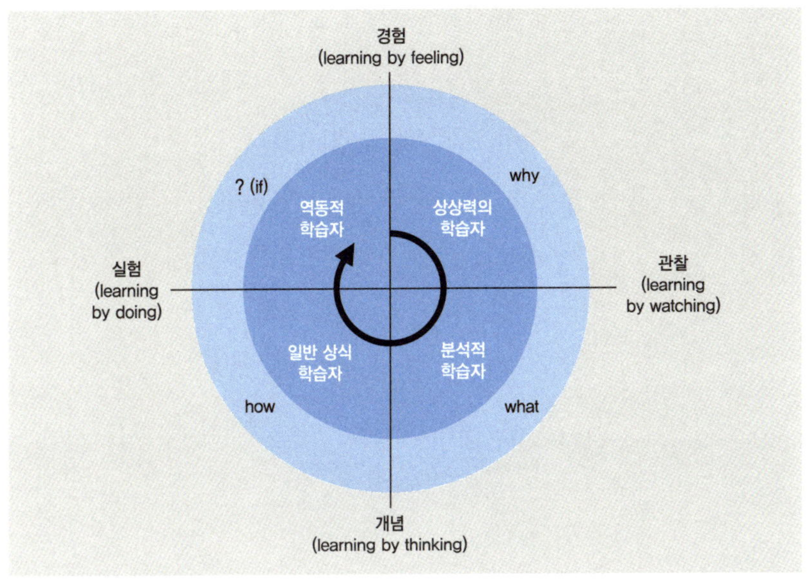

(＊위의 모형은 Kolb의 학습 사이클과 MaCathy의 학습 모형을 결합하여 4MAT 모형을 변형시켜 보았어요. 여기에는 좌뇌 우뇌 학습전략이 빠져 있어요.)

사람에 따라서 자신들이 좋아하는 공부방식이 다를 거예요. 이렇게 각기 다른 공부방식을 Kolb라는 학자는 4가지 학습 양식으로 구성했어요. Kolb의 이러한 학습 양식을 수용하면서 MaCathy는, '상상력의 학습자', ' 분석적 학습자', '일반 상식 학습자', '역동적 학습자'로 이름을 다시 바꾼 거예요. 상상력의 학습자는 '왜why'라는 질문을 자주 던지고, 분석적 학습자는 '무엇what'에 대해 질문하고, 그리고 일반 상식 학습자는 '어떻게how'라는 질문을 던진다는 거예요.

그런데 여기서 주목할 점이 있어요. 공부방식을 유형화한 것에 머무르지 않고, 다른 공부방식도 골고루 수행하도록 Kolb는 학습 사이클을 구성한 거예요. 'Kolb에 의하면, 학습자들은 관찰을 통해서 학습을 경험한 이후에, 추상적인 개념을 형성, 일반화시키고, 다시 새로운 경험을 만들어 내면서 순환하는 학습 사이클을 통해 발전한다.' (이미라, 앞의 논문 8쪽) 다시 말하면 Kolb는 학습 양식을 학습 사이클이라는 시간적인 순서 과정과 결합시킨 거예요. 이게 4MAT 학습모형이 기획 과정에 응용될 수 있는 근거가 된 것 같아요. 기획 과정은 사람의 인지 과정이나 사람의 마음 구조와 관련되어 이루어지고 있거든요. 상대방의 마음을 움직이는데 일정한 절차와 순서가 있다는 거예요. 앞서 말한 '기획의 제이법칙'을 생각해보면 금방 이해가 될 거예요. '상대방으로부터 출발하라. 그리고 나서 나의 것을 상대방과 관련시켜라.'

사람들이 생각하는 기획 과정은 다음과 같이 도식적으로 정리해 볼 수 있을 거예요.

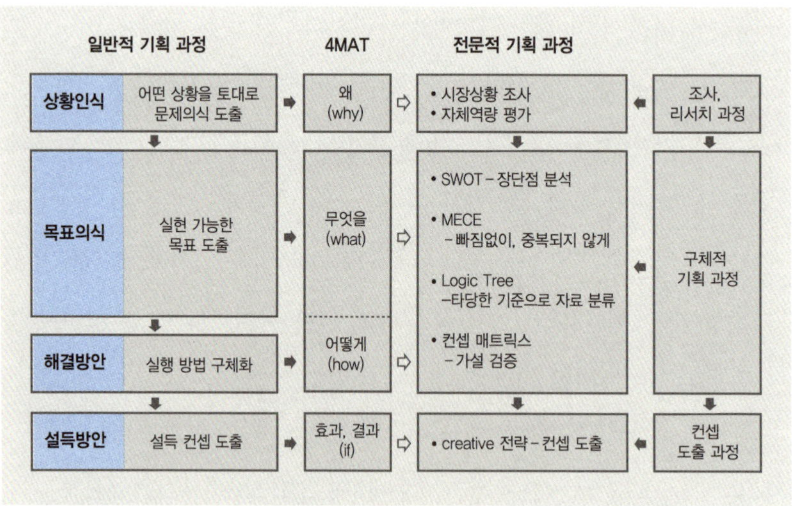

일을 성사시키는데 일정한 순서와 과정이 필요하다는 것은, 인간의 마음 구조와 인지 과정에 따라 사람을 설득하고 행동으로 유도할 수 있기 때문이에요. 먼저 문제의식과 동기를 불러 일으킨다면, 그 사람은 액션을 취할 준비를 하게 되죠. 문제의식과 동기가 분명하고, 여기에다 실현 가능한 목표와 구체적인 실행 방안이 제시된다면, 사람은 행동으로 나설 수밖에 없는 거예요. 4MAT 모형은 이 점을 잘 보여주고 있는 거예요. 'why → what → how' 로 이행되는 과정이, 인간의 마음 구조와 인지 과정과 일치하는 것이죠.

그런데 마지막 단계인 'if 과정'은 여러 가지로 해석될 수 있을 것 같고, 또 모호한 점도 있는 것 같아요. 그래서 4MAT 학습 모형에서는 원래 무엇을 말하려고 했는지 확인할 필요가 있어요. 4MAT 학습 모형 'if 과정'에서는 공부한 내용('경험과 관찰 why → 개념 what → 검증 how')을 실제 생활에 적용시키는 거예요. 그러니까 교실 안에서 공부한 것들을 교실 밖으로 갖고 나가 실제로 적용시켜 보고, 새로운 것을 다시 찾는 거예요. 이러한 관점을 기획 과정에 도입한다면, 마지막 'if 과정'은 어떤 것이 될까요? 바로 회사 밖으로 나아가 소비자를 만나서 기획한 내용을 적용시키는 것이 될 거예요. 기획한 내용을 토대로 상품을 팔거나 이벤트를 성공시키는 것이겠죠. 그러기 위해서는 소비자를 설득할 수 있어야 해요. 그래서 기획의 마지막 과정인 'if 과정'은 설득 방안을 찾는 컨셉 도출 과정이라고 보아도 무방하지 않을까 생각하는 거예요.

또 마지막 단계인 'if 과정'은 이렇게도 해석할 수 있어요. 실제 4MAT 학습모형에서는 지금까지 공부한 내용을, 이 과정에서 학습자 상호간에

평가하기도 해요. 그러니까 공부한 내용을 적용도 하지만, 평가도 하는 거예요. 그렇다면 기획 과정에서 평가는 어떻게 하나요? 그것은 바로 기획을 의뢰한 고객이나 회사의 상사로부터 OK 사인이 나는 것이겠죠. 의뢰인이나 상사에게 프레젠테이션하여 이들을 설득하는 과정이죠. 여기서도 이들을 설득할 수 있는 핵심은 바로 컨셉이에요. 소비자에게 설득할 컨셉으로 이들을 설득할 수 있어야 하는 거예요.

소비자를 설득하는 과정과 의뢰인을 설득하는 과정도 역시 4MAT 모형으로 진행할 수 있어요. 사실 모든 기획의 핵심은 여기에 집중되는데, 이때 분명히 해야 할 점이 바로 '기획의 제일법칙'과 '기획의 제이법칙', 그리고 '마케팅 불변의 법칙'이에요.

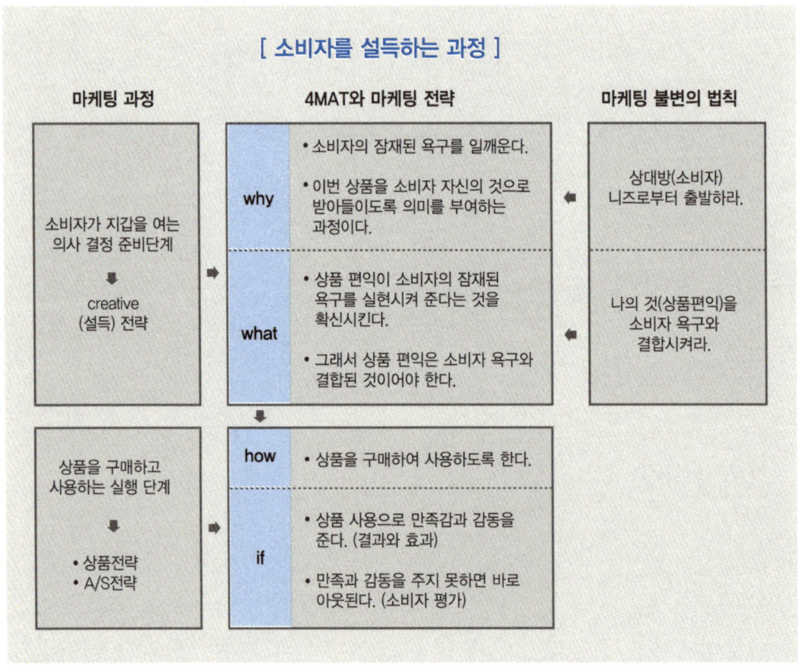

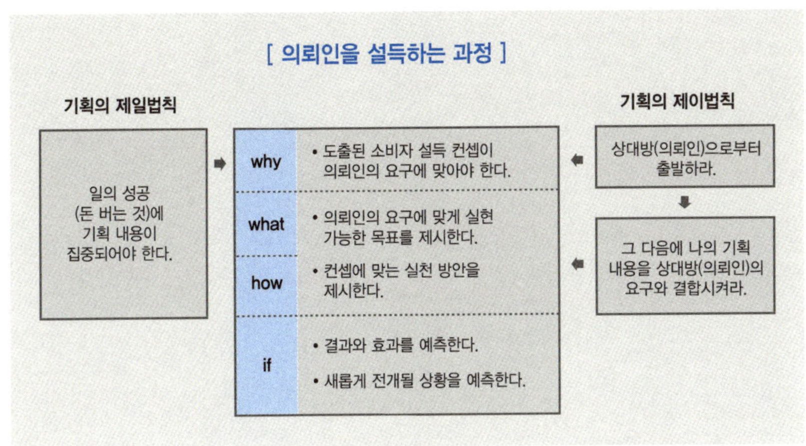

이제, 기획의 핵심을 한 마디로 정리해 볼까요? '상대방이 이러하므로 나의 것을 상대방과 결합하여 이렇게 하겠습니다.'

풀어서 다시 설명하면 이렇게 될 거예요. '시장의 상황과 소비자의 욕구가 이러하므로, 상품 편익과 우리의 이미지를 그 시장 상황과 소비자 욕구와 결합시켜, 이렇게 컨셉을 잡아 설득하고 감동을 주도록 하겠습니다.'

분노

'나' 안에 있는 파멸의 요소를 제어하라

분노의 화신이 '나'를 불태우고, 상대방까지 불태우고 싶은 때가 있다. 억눌린 화를 반복적으로 터뜨리면, 가족들에게 씻을 수 없는 상처를 줄 뿐만 아니라 자기혐오로 이어져 일을 성공적으로 해나갈 수 없다. 이럴 때는 모든 생각과 행동을 멈추고 잠을 푹 자라. 잠이 최고의 보약이다. 사회 현실과 상대방을 자기 마음대로 할 수 없기 때문에 분노가 일어나는 것을 막을 수 없다. 그러니 분노를 제어하고 통제하는 방법을 청춘 시절에 체득해야 한다. 그렇지 못하면 값비싼 대가를 치를 수 있다.

성실함에 **뒤통수** 치는 사회

| 억울해서 출세하겠다는 말로 삭혀지지 않는 분노

세상에는 억울한 일을 당한 사람도 참 많을 거예요. 성실히 일했음에도 불구하고 알아주지 않고 오히려 내쫓는 경우가 우리 사회에 있더라구요. 또 진실된 마음으로 상대를 위해서 최선을 다했음에도 그것을 이용하여 이득을 챙기는 경우도 있구요. 갑의 위치에 있는 사람들이 주로 이러한 행동을 하는데 을의 위치에 있는 사람은 그 억울함이 분노로 번져가죠.

1965년 가수 김용만이 불러서 크게 유행한 '회전의자'라는 노래가 있어요. 마지막 1절의 가사, '억울하면 출세하라'는 말은 세상사람 모두가 알 정도로 유명해진 노랫말이죠. 이 노래의 2절 가사 끝부분, '억울해서 출세했다 출세를 했다'라는 말은, 분노를 대신 받아주는 '분노받이'가 되기도 했지만 그 당시 사람들에게 있어서 뭔가 해보자고 하는 희망의 메시지이기도 했죠. 1960년대는 경제성장 초창기 시절이라 누구나 한몫 잡을 수 있는 시기였기 때문이죠.

그런데 지금은 출세가 거의 불가능한 상황이 되었어요. '출세하라'는 말로 더 이상 억울함을 달랠 수가 없어서 분노가 쌓이게 되죠. 게다가 결과를 중시하고 편법이 원칙을 비껴가는 사회 분위기에서 '갑질'이 기승을 부리게 되죠. 사람들이 경제적으로나 정치적으로 힘을 갖게 되면 다른 사람들을 자기 마음대로 조종하고 통제하려고 해요. 그렇게 다른 사람을 부려야만 돈도 더 벌고 권력도 강화되니까요. 돈 있는 사람이 더 무섭다고, 사람을 소모품처럼 다루고 '갑질'이 일상적인 일이 되어버리죠. 특히 지금처럼 경기불황이 장기화될 때 사람들을 바로바로 내쳐버리는 것을 너무 당연하게 생각해 버리죠. 이런 일을 당한 사람은 몸과 마음에 분노가 축적되어 폭발 직전까지 갈 수 있어요.

2013년 1월 서울 외발산동 버스 차고지에서 불이 일어났어요. 그래서 버스 30여대가 불타는 사건이 일어난 거죠. 방화범은 이 버스회사에서 해고된 운전기사로 밝혀졌죠. 무단횡단하던 행인을 치어 숨지게 한 사건으로 해고되었다가 다시 복직을 요구하는 과정에서 복직이 받아들여지지 않자 이런 범죄를 저질렀다는 거예요. 회사와 운전기사 사이에 어떤 일이 있었는지는 모르지만 뭔가 분노를 쌓이게 했을 거라고 추측할 수 있을 거예요. '왜 나만 갖고 그래?', 아니면 '왜 나한테만 이런 일이 일어나?' 라고 생각할 때 화가 끓고 분노가 폭발할 거예요. 1심 구형 재판에서 이 사건을 저지른 운전기사가 말한 진술이 눈에 들어오네요. '교도소에서 기술을 익혀 사회에 나와 성실히 먹고 살겠다.' 역시 먹고 사는 '목구멍'이 문제였던 것 같아요.

마케팅 불변의 법칙으로 분노를 다스린다

자신의 성실함이나 진정성을 알아주지 않고 이용하거나 희생양으로 삼을 경우 분노가 일어나는 것은 당연한 거예요. 자기 존재를 짓밟는 것이니까요. 그래서 분노는 생존과 삶을 위한 본능적 감정이기도 하죠. 자기를 지키려는 방어기제라고 할 수 있죠.

인간의 심리나 마음은 자기를 왕으로 섬기고 있어요. 자기가 세상의 중심이고 자기 마음이 가장 중요하기 때문에 자기를 '무시'하는 것을 용납할 수 없죠. 다른 사람이 스스로 알아서 내 마음을 이해하고 받들어야 해요. 내가 어떤 것을 요구하거나 표현하지 않아도 상대방은 알아서 이해해야 하는 게 우리의 마음 구조이죠. 그런 것을 몰라주면 슬슬 화가 나고 그것이 쌓이면 분노가 폭발하게 되죠. 부부 사이나 연인 사이에 이런 일들은 쉽게 일어날 거예요.

방어기제에서 분노가 치솟든 아니면 왕으로 모시지 않는 괘씸한 기분에서 화가 끓든, 화라는 놈은 상대방이 있기 마련이에요. 자기와 관련된 어떤 사람이 분노의 대상이 되는 것이죠. 그 상대방이 너무 힘이 세서 어찌할 수 없을 때 분노는 내면으로 파고들어 와서 '화병'을 일으키게 될 거예요. 그런데 그 분노가 자기를 파괴할 수도 있어요. 사회적으로 표출되면 다른 사람에게까지 피해를 줄 수 있구요. 그래서 화를 풀거나 분노를 가라앉히는 것이 필요해요.

화라는 놈 그리고 분노라는 놈에게 상대방이 있게 마련이라면 그것을 푸는 것도 상대방과 관련해서 풀 수 있지 않을까요? 화라는 놈이, 분노라는 놈이 나를 휘감아 돌면서 나를 세상의 절대지존으로 만들어서 물불 안 가리게 하는 거잖아요. 그런데 상대방의 입장에서 다시 한 번 생각하면, 세상의 절대지존이 내가 아니라는 것을 알게 되고 그러면 분노가 잠잠해지는 파도로 변하지 않을까요?

분노를 자신에게서 떼어놓는 방법은, 분노를 거리를 두고 바라보는 것이에요. 다시 말하면 자신을 감정적인 상태에서 감성적인 상태로 일단 바꾸어 놓는 것이죠. 화가 치미는 그 순간에 그 자리를 일단 피하세요. 그러면 상대방과 거리를 두게 되고 분노를 멀리서 바라볼 수 있죠. 그리고 상대방의 입장도 한번 생각해보는 거예요. 그러면 분노라는 감정 대신에 냉정이라는 감성이 마음으로 들어오게 되죠. 자신의 요구가 정당하다면 마음이 진정된 후에 자신의 의견을 말할 수 있는 거예요. 이런 상태가 되면 이제는 자기의 마음이 감성적인 상태로 되돌려졌기 때문에 슬기롭고 차분하게 문제를 해결할 수 있을 거예요.

'자기로부터 출발하지 말고 상대방으로부터 출발하라.'는 마케팅 불변의 법칙에 따라 분노를 대하게 되면 수월하게 다스려질 거예요. 그리고 절대로 술 마시고 다른 사람에게 화풀이하지 마세요. 다른 사람이란 결국 자기 가족일 거예요. 집에 와서 쏟아내는 화풀이는 가족에게 큰 상처를 주고 자신의 삶도 피폐하게 만들어 파멸로 이끌 수 있거든요.

노력의 결과가 **보장**되지 않는 슬픔

세습사회에서 살아남기

의사, 변호사, 교수 등 우리 사회 상류층 집안의 아이들을 가르쳐본 적이 있어요. 부모가 사회적 지위도 있고 경제적 여력도 있어서 아이들이 열심히 한다면 공부에 대한 전폭적 지원을 받을 수 있죠. 고3인 아이들을 가르쳤는데 제가 그렇게 보아서 그랬을까요? 이들의 공부 태도는 확실히 달랐어요. 다른 고3 학생도 그렇게 공부하겠지만 대단한 집중력을 가지고 공부를 하더라구요. 자신들이 일정한 수준의 대학에 들어가지 않으면 엄마나 아빠가 누리는 사회적 지위와 경제적 여유가 자신들에게 보장되지 않는다는 것을 분명히 자각하고 있었어요. 부모가 강요해서 그런 것이 아니라 스스로 깨달아서 목숨 걸고 공부하는 것이에요.

공부는 누구나 '경쟁의 출발선'에 서야 한다는 최소한의 공정성을 보장하는 것 같아요. 출발선에 서서 달리는 과정을 통하여 목표지점에 도달해야 하지요. 그런데 사회에 나와서 생활하다 보면 '출발선' 자체가 존재하지 않는 경우가 비일비재해요. 빽이나 연줄이 없으면 힘들다는 것을 너무 많이 경험하죠. 미리 1등이 내정되어 있는 경우도 허다해요.

이렇게 본다면 우리나라 학벌 사회는 긍정적인 측면이 있는 것 같아요. 교육과 시험이라는 출발선이 기회균등을 보장해 주고 있는 것이죠. 우리나라 대학입시 3불 정책 중에서 어느 누구도 기여입학제를 공론화하지 못하는 이유가 여기에 있죠. 돈으로 학벌을 사는 것이 허용되는 순간, 사람들의 불만이 어떻게 표출될지 알 수 없거든요. 돈으로 사교육을 사서 공부를 시킬 수는 있지만 대학 졸업장 자체를 살 수는 없는 것이죠. 경쟁 속에서 시험을 치루어야 한다는 형식과 그것을 통해 실력을 검증받아야 한다는 내용이, 우리나라 학벌 사회에서 찾을 수 있는 기회균등의 긍정적인 모습이죠.

그렇기 때문에 사회 지도층 집안의 자녀들은 죽어라 공부하는 거예요. 공부하는데 그 집안 경제력을 쏟아 붓죠. 대학 보내는 것뿐만 아니라 유학 보내는 것도 서슴지 않아요. 그런데 경제적 여력이 없는 집안의 경우 이와 같은 교육의 혜택을 누리지 못해요. 집안 환경도 공부에 집중할 수 없어서 아이들은 방치되고 그래서 아이들은 실력을 키울 수 없죠. 결국 부모의 경제적 여력이나 사회적 지위에 따라 아이들의 실력이 달라지고 학벌이 달라져요. 사회에 나와서는 차별이 더 생기죠. 더 이상 개천에서 용이 나오지 않는 세습사회인 것이죠. 학벌 사회에 숨어있는 우리의 실제적 모습이에요.

부모의 사회적 지위를 자식들에게 물려주는 세습의 양상은 우리 사회 곳곳에서 이루어지고 있는 것 같아요. 사회 지도층의 자리는 경쟁 속에서 시험이라는 제도적 장치를 통과해야 얻을 수 있기 때문에 부모의 직접적인 영향에서는 벗어나 있죠. 반면에 부모의 직접적인 영향이 가능한 부분에서는 자신의 아이들에게 지위를 물려주려고 하죠. 어느 대기업의 노조는 자기 아이들에게 취업의 우선권을 준다는 협약을 맺고 노사분규 없는 노조활동을 하고 있죠. 또 선망의 대상이 되는 연예계에서는 연예인 부모가 직접 영향을 발휘할 수 있죠. 사업체를 물려준다는 것은 이제 너무나 당연한 일이 되었고 농촌이 싫어 도시로 떠난 사람들도 이제는 귀향하여 부모의 농사일을 이어받는 경우도 늘어나고 있어요.

세습사회, 이 불편한 진실은 왜 일어날까요? 부모의 지원 없이는 계층 상승을 할 수 없는 이유는 무엇일까요? 제일 먼저 생각할 수 있는 것은 더 이상 고도 경제성장이 가능하지 않기 때문이에요. 일자리가 늘어나지 않는 '꽉 찬' 사회구조가 된 것이죠. 설사 경제성장이 이루어져도 고용이 늘어나지 않는 '고용 없는 성장'의 사회구조가 된 거예요. 그 다음 요인으로는 우리나라 인구구조에서 찾을 수 있을 것 같아요. 고도 경제성장이 끝나는 것과 거의 비슷한 시기에 베이비부머 세대가 은퇴하기 시작하였죠. 고령사회가 급속하게 진행되고 있어서 이들 노인 세대의 부양 문제가 경제적으로 큰 부담이 되고 있어요. 이들은 가능한 은퇴를 늦추려 하고 그러다 보니 젊은 세대의 일자리는 더욱 좁아지죠. 그리고 그 동안 경제성장 과정에서 약자에 대한 배려가 너무 부족하지 않았나 하는 생각이 들어요. 갑이 되지 않으면 인간 대접을 받기가 쉽지 않으니까, 갑의 지위를 자식들에게 물려주려는 것이죠.

이런 상황에서 부모의 도움 없이도 당당하게 사는 법은 없을까요? 세습사회에서 살아남기 위한 방법을 꼽으라면 먼저 '공부'를 말하고 싶어요. 공부라고 해서 학과 공부 아니면 대학의 전공 공부나 스펙 쌓기를 말하는 것이 아니에요. 이런 것도 필요하겠지만 자신이 나아가고자 하는 분야에서 전문가가 되고 프로가 되는 거예요. 이것뿐만 아니라 사회의 변화와 흐름도 잘 이해하여 대응력을 높여 나가는 것이지요. 항상 무엇인가 탐구하여 스스로 창의적인 인간이 되는 것이 세습사회에서 살아남는 방법이라고 생각해요.

그 다음으로는 욕망을 줄이는 것이 필요하다고 생각해요. 욕구나 소비 수준을 낮춘다면 살아가는 데 경제적 부담을 덜 수 있고 새로운 기회에 더 많이 도전할 수 있을 거예요. 하지만 지금까지 살아온 방식으로 볼 때 쉽지 않을 거예요. 그리고 '소비하라 소비하라'고 주위에서 고함치기 때문에 유혹을 참기도 어렵죠. 오히려 그렇기 때문에 욕망 수준을 낮추는 것이 더 필요하지 않을까 생각해요. 또 이렇게 대처할 수도 있을 거예요. 다른 사람과 연대하여 네트워크를 통한 경제활동을 하는 거예요. 대기업이나 공무원 사회에 들어가기 위한 무한 경쟁은 수많은 탈락자를 불러오죠. 이와 같은 극심한 경쟁 대신 서로 방향이 같은 사람끼리 모여서 연대하고 경제활동을 더불어서 같이 모색하는 것이죠. 스스로 일자리를 창출하고 다른 분야의 사람까지도 서로 연결을 해나가서 분업체계를 갖게 된다면 새로운 사회시스템이 점차로 생겨날 거예요. 마지막으로 한 가지 더 이야기한다면 최악의 경우를 대비하여 생활하라고 말하고 싶어요.

최악의 경우를 대비하라

최고나 최선을 목표로 하지 말고 차선이나 차차선을 목표로 하는 것이 경제적으로나 시간적으로 낭비를 줄일 수 있어요. 그리고 선택 가능한 몇 가지 경우의 수를 생각해 보고 각각에 대해 대비책을 마련하는 거예요. 여기서는 소규모 사업을 하거나 자영업을 하는 경우를 중심으로 이야기 할 게요. 아마 다른 분야에도 적용할 수 있지 않을까 생각해요.

첫째, 몇 년간 통계적 수치나 흐름에 기초하여 당신이 일하는 분야를 분석하세요. 사업전망이나 사업계획을 매출액의 변화, 계절에 따른 매출 변화, 고객의 변화, 사회 경제적 소득 수준의 변화 등등에 기초하여 작성 한다면 당신의 사업을 일정한 편차 안에서 해나갈 수 있어요.

둘째, 희망을 근거로 사업을 진행하거나 계획하지 마세요. 사람의 기대 심리는 긍정적이고 희망적인 게 특징인가 봐요. 실제로 사업이 진행되면 자신의 희망이나 기대보다 한 단계 아니면 두 단계 아래에서 결과가 나타 나더라구요. 그래서 사업계획을 집행할 때는 한 단계나 두 단계 아래에서 이루어지도록 하세요.

셋째, 자신의 사업을 몇 년간 할 수 있는지 가늠해 보아야 해요. 우리 사회는 트렌드가 빨리 바뀌는 경향이 있어요. 그러한 트렌드 변화 추세에 자신의 업종이 몇 년간 사업을 할 수 있는지 따져보고, 철수할 수 있는 방편도 세워둘 필요가 있어요. 그리고 사업이 잘된다고 해서 사업을 바로 확장하면 안 돼요. 사업초기에 벌어놓은 이익이 확장비용으로 다 빠져나 가죠. 그리고 확장하는 순간 그 만큼 비용이 더 들기 때문에 오히려 곤경에 처할 수 있어요. 사업이 잘된다고 한다면 제일 먼저 투자비용을 회수하여 사업이 나빠질 경우에 대비하는 것이 필요해요.

넷째, 자신의 장점을 포기하지 마세요. 매출은 줄어드는데 비용이 그대로이면 당연히 비용을 줄이려고 할 거예요. 이때 비용절감으로 줄어드는 매출에 대응할 것인가 아니면 자신의 장점이 계속 유효하기 때문에 재투자하여 매출증대를 다시 꾀할 것인가를 여러 각도에서 분석해 보아야 할 거예요. 섣불리 자신의 장점을 포기해 버리면 매출의 급격한 하락 때문에 사업을 정리해야 할지도 몰라요. '장점 유지 전략'에 필수적인 요소는 고객관리일 거예요. 자신의 고객이 정기적으로 찾아올 수 있도록 이벤트를 하거나 가게 운영에 변화를 주는 것이죠. 그리고 고객과 소통할 수 있는 연결 관계를 갖는 게 필요하죠. 손님의 명함을 자연스럽게 확보할 수 있도록 해보세요.

다섯째, 불경기나 경기침체 상황에서 버틸 수 있는 근거로 무엇이 있는지 확인해야 해요. 손실이 났을 때 현금을 밀어 넣어야 하는데 그러한 운전 자금을 동원할 능력이 있는지 살펴보아야 해요. 즉 자신이 갖고 있는 자산에서 어느 정도의 현금을 동원할 수 있는지 따져보아야 해요. 자신의 매출과 비용을 토대로 1년 정도의 예산 흐름을 상정하여 자금을 확보해두어야 해요. 그리고 나아가 2년차 사업전망도 고려하여 추가적인 예산과 자금도 확보할 방안을 세워 두어야 할 거예요. 그러니까 2년 정도 사업의 흐름을 생각해서 자금을 확보하거나 적어도 자금을 확보할 방안을 세워 두어야 하는 것이죠.

피지 못한 **꿈**에 대한 설움

김시습의 꿈

40대, 50대에는 온갖 경험과 고생 끝에 자신이 할 수 있는 일과 할 수 없는 일을 알게 되죠. 또 젊었을 때 할 수 있으리라 생각했던 것들이 좌절되거나, 선택을 달리함으로써 포기한 것들이 회한으로 설움으로 남게 되죠. 피지 못한 꿈에 대한 설움이 마음 깊숙이 가라앉는 것이죠.

이에 비해 20대, 30대에는 좀 다른 것 같아요. 당연히 이래야 하는데 그러지 못한 것에 대한 분노가 나타나죠. 명분과 도리가 자기 삶에 직접 관련이 없어도 분노를 느끼죠. 아니면 젊음의 힘으로도 감당하지 못하는 버거움이나 돌파되지 않는 사회현실에 좌절하기도 하고요. 이 같은 분노와 좌절은 어딘가에 의존하면서 힐링을 찾게 되는 것 같아요.

『금오신화』를 쓴 김시습의 일대기를 보면 피지 못한 꿈에 대한 설움이 어떠한 것인지 뼛속까지 느껴져요. 김시습은 일찍부터 천재로 알려져 5살 때 세종 임금의 총애를 받았지만 수양대군이 단종을 몰아내고 권력을 잡은 것에 분개하여 세상을 떠돌고 중이 되기도 하였죠.

가장 혈기가 왕성한 20대에 울분을 삭이며 우리나라 산천 곳곳을 두 발로 걸으며 살펴보게 돼요. 평안도 지역을 보고 24세에 『탕유관서록』을 쓰고, 강원도의 금강산 등 관동지역을 살펴보고 『탕유관동록』을 26세에 쓰죠. 그리고 충청, 전라, 경상 지역을 살펴보고 29살에 『탕유호남록』을 쓰게 돼요. 이 책이 지금도 전해진다면 꼭 읽고 싶어요. 우리 역사에서 삼천리 곳곳을 직접 자신의 두 발로 다니면서 살펴본 이는 거의 없는 것 같아요. 아마 김시습이 조선시대 최초가 아닐까 생각해요. 도대체 무엇을 보았을까요? 20대의 혈기와 분노를 동시에 지니고서 무엇을 보았는지 김시습 안으로 들어가고 싶네요. (김시습의 일대기는 정병욱 교수의 「김시습 연구」에서 요약한 것이에요.)

● **수학기**修學期 (1 ~ 20세) : 5세에 세종 임금을 알현한 뒤 13세까지 뛰어난 스승들 밑에서 공부를 하였지만 15세 이후 모母를 여의고, 부父 또한 중병으로 가정이 기울기 시작했어요. 결혼도 하였지만 결국 입산수학을 하게 돼요. 20살이 되도록 과거시험에 응시하지 않은 것은 무인 계통의 집안이고, 부父 또한 중병으로 하위직조차 취임하지 못한 상황에서 명문대가의 자제들과 더 이상 같이 할 수 없어서 과거를 포기한 것으로 보여요.

● **방황기** (21 ~ 30세) : 삼각산 중흥사에서 공부하던 21세에 세조의 권력찬

탈을 듣고, 그 길로 머리를 깎고 중이 되어 전국을 떠돌게 돼요. 먼저 송도를 거쳐 관서지역을 살펴보게 되는데, 24세에 『탕유관서록』를 쓰게 돼요. 그리고 이후 금강산을 비롯하여 관동지역을 돌아보죠. 이 지역의 뛰어난 경치를 살펴본 후 26세에 『탕유관동록』을 정리하죠. 이후 발길을 돌려 삼남지방을 유람하고 29세에 『탕유호남록』을 쓰게 돼요. 그 해 가을 책을 사려고 한양에 올라왔다가 효령대군의 요청으로 세조의 불경 번역 사업에 참여하여 궁궐 내에 있던 내불당內佛堂에서 교정 일을 보다가 다시 31살에 경주 금오산으로 내려가게 되죠.

● **금오기** (31 ~ 36세) : 금오산실을 세우고 거기서 은둔하고 있던 중, 세조 11년 32살에 효령대군의 추천으로 원각사 낙성회落成會에 참가하라는 세조의 명을 받고, 거기에 참여하여 원각찬시를 지어 바치죠. 이후 세조는 원각사에 머물 것을 간곡히 부탁하지만, 한양의 현실을 비판적으로 보게 되고 그래서 병을 핑계로 다시 경주 금오산으로 내려와요. 20대의 10년 동안 방황과 유람을 통해 현실과 다른 이상 세계를 꿈꾸게 되었고, 세조의 부름에 분연히 나갔다가 불신不信의 현실을 체험하죠. 이런 상황에서 김시습이 지향한 이상과 고고청순함이 『금오신화』로 발현되고, 이 시기에 써져요.

● **실의기** (37 ~ 48세) : 성종 2년 37세에 금오산실을 정리하고 한양으로 올라오게 돼요. 성동城東지역에 폭천정사를 세우고 조그만 땅을 얻어 몸소 농사를 지으며 살게 돼요. 그런데 이 시절 자기와 동문수학했던 친구들은 고위 관직에 올라 각 지역에 농장을 갖고 영화를 누리고 있음을 두 눈으

로 보게 돼요. 그들과 자기를 비교할 때 참담함을 느끼면서 동시에 친구나 관리들을 모멸하게 되죠. 이 기간 동안 김시습은 여러 기이한 행동을 하게 되고, 그러한 모습이 야사野史로 전해지면서 김시습의 이미지가 역사적으로 형성돼요. 47세에 다시 결혼을 했다가 2년 후에 다시 한양을 떠나 방황하게 돼요.

• **만년 (49 ~ 59세) :** 여기 저기를 떠돌다가 생의 마지막에 찾아든 곳이 충청도 홍산 무량사예요. 여기서 성종 24년 59세의 나이로 3월 봄비 속에 한 많은 생을 마치게 돼요. 이율곡이 쓴 『김시습전』에는 김시습이 죽기 직전 자신에 대해 쓴 찬시贊詩가 전해져요.

네 모습은 짐승과 같고 / 네 말은 매우 어리석고나 /

그대는 굴형 속에 / 버려 마땅하도다

거기 산이 있어 세상을 벗어난다

1,000만 명이 사는 서울의 근교에 1시간 정도 가면 북한산, 도봉산 같은 명산이 있다는 것은 축복이라고 외국인들이 말하더군요. 우리가 살고 있는 이 산천이 축복이라는 것을 우리는 모르고 살고 있는 것이죠. 우리 강산이 만들어지는 데에는 수천만 년에서 수억 년의 시간이 걸렸죠. 우리 인간의 시간 개념으로는 상상할 수 없는 지질학적 시간 개념이죠. 이 강산에서 살아가는 우리는 그냥 찰나적인 존재인 거죠. 스쳐 지나가는 존

재가 이 강산에 대해 너무 무지하고 너무 무자비하게 대하는 것이 아닌가, 4대강 사업을 보면서 느낀 점이에요.

집 앞에 있는 작은 동산에 올라도 가슴이 후련해지고 세상일을 씻고 내려올 수 있죠. 정말 거기 산이 있어 세상을 벗어나고 또 다시 현실로 내려와 세상을 안고 갈 수 있는 것 같아요. 우리 땅에 존재하는 여러 산들을 『한국지리보감』에서 이렇게 말한 적이 있어요. 한 번 소개할게요. ^^

먼저 동산! "뒷동산 아지랑이. 할미꽃 필 때~♬"라는 노래가 있죠? 동산은 집의 앞뒤에 있는 작은 야산입니다. 산이라고 할 수도 없는 구릉지이죠. 어렸을 때 뛰어 놀던 "추억의 야산"입니다. 우리 학생들에게는 이런 추억의 야산이 없을 것입니다. 그러나 자기가 살고 있는 주택이나 아파트 등이 조금 높은 곳에 위치하고 있다면 그곳이 다 동산입니다. 그러니까 여러분도 관계 맺고 있는 삶의 공간이죠. 단지 변형된 모습으로 나타나는 것일 뿐입니다.

그 다음으로 해발 고도 500m 이하의 낮은 산! 여기에 해당되는 산으로는 서울의 남산 혹은 행주산성이나 남한산성이 있는 산들로, 이 정도의 높이입니다. 해발 고도가 200~300m 정도밖에 안 된다고 얕보지 마세요. 한 지역을 호령하고 통제할 수 있는 산입니다. 작지만 전략적으로 중요한 산! 이런 산들이 어떤 의미를 지니는지는 우리 역사에서 어떤 역할을 했는가를 생각해보면 금방 알 수 있습니다. 임진왜란 때 행주대첩이나 병자호란 때 남한산성의 치욕을 생각해보면 알 수 있겠죠? 이런 산에 올라가 그 지역 일대를 내려다 볼 수 있다면 세상의 큰 일과 작은 일을 살펴볼 수 있는 힘을 갖게 될 것입니다. 이런 산들의 의미를 이해한다면 여러분의 생각은 한 단계 업그레이드 될 것입니다. 괜히 헛소리한다구요? ^.^

좋아요. 그 다음은 해발 고도 500~700m 정도 되는 산! 해발고도 1,000m가 안 되는 산들입니다. 서울의 북한산이나 각 지방 곳곳에 있는 명산들이 이런 산에 해당됩니다.

이런 산들이 명산인 이유는 우리나라 전체를 품고 있기 때문입니다. 이런 산들은 지방에 위치하지만 결코 지방 차원에 그치지 않는 것이죠. 이런 명산에 오르게 되면 누가 뭐라하지 않더라도 '천하'가 저절로 눈에 들어오지 않을까요? 천하를 머금고 명산을 오르내렸을 과거 선조들의 모습이 떠오르는군요. 선조들이 영어를 할 수 있었다면 이렇게 얘기하지 않았을까요? "Boys, Be Ambitious!" (얘들아, 큰 뜻을 품어라!) ^.^

그렇다면 해발 고도 1,000m 이상인 산들은 뭐야? 진짜 명산들은 해발 고도가 1,000m를 넘잖아? 그렇습니다. 진짜 명산은 해발고도가 1,000m 이상입니다. 구름 속에 솟아 있는 이런 산에는 신선들이 살고 있죠. 우리 식으로 이야기하면 산신령이 살고 있는 곳이죠. ^.^

헉헉거리며 이런 산들의 정상에 오르면 어느 덧 우리는 신선이 되지 않을까요? 현실의 모든 것을 벗어 던져 버릴 수 있고 자기 자신을 완전히 비워 버릴 수 있습니다. 신선처럼 날거나 신선이 아니라면 그냥 한줄기 바람처럼 이산 저산 떠돌다가 그냥 사라져버리는 곳이 아닐까요? ^.^ 정말이지 이런 산이 있기에 우리는 '깨달음'을 우리 일상생활에 끌어들일 수 있는 것 같습니다. 우리나라의 신선사상, 풍류도가 면면히 이어져 오는 것도 이와 관련이 있겠죠. 모든 것을 털어버리고 놓아 버릴 수 있다고 '저 산'은 말하고 있지 않습니까?

때로 나도 누군가에게
분노의 대상이 된다

악역을 맡게 되면 역지사지로 풀어가라

군대를 다녀온 남성이라면 제대하는 날의 기억이 뚜렷이 남아 있을 거예요. 세상 모든 것을 다 얻은 것 같아 하늘을 날고픔과 이제 자신의 삶을 누군가에게 의존할 수도 없고 어디로 또다시 지연시킬 수도 없는 두려움과 묵직함! 자기 삶에 대한 무한 책임이 자신을 휘감아 돌죠.

그래서인가요, 이창동 감독의 첫 작품 '초록물고기'의 시작 장면은 주인공 한석규가 제대하는 날, 기차 타고 집으로 오는 장면부터 시작되죠. 머플러와 기차 안 사건으로 인연이 맺어진 여인 심혜진을 한석규가 며칠 후 찾아가고, 마땅히 할 일도 없어서 심혜진의 애인인 문성근의 조직에 가담하게 되죠.

한석규는 악역을 성공적으로 수행하여 조직 내에서 자신의 존재를 인정받지만 또 다른 악역을 수행한 다음 죽게 되죠. 자신이 충성을 바친 보스 문성근에게 직접 죽임을 당하는 거예요. 악역 수행을 마다않는 한석규의 숨어 있는 광기를 두려워해서인가 아니면 반대파의 보복이 두려워 결과를 수습하기 위한 것인가 그렇지 않으면 자신의 애인인 심혜진을 넘보는 게 괘씸해서인가, 이렇게 한석규는 자신의 청춘을 꽃피우지 못한 채 세상의 '바람' 속에서 사라지고 말죠.

저는 '초록물고기'를 떠올릴 때마다 눈물이 나려고 해요. 주인공 한석규의 모습에서 '피지 못한 청춘의 운명'을 보기 때문이죠. 가장 뚜렷하게 기억나는 대사와 장면! 문성근이 한석규를 처음 만나 차에 태워 집으로 데려다 주는 장면이에요. 문성근이 다그치죠. "젊은 놈이 꿈도 없어?" 그래서 한석규가 더듬더듬 생각해내어 말하죠. '식구들 전부 함께 식당 내서 장사하는 것'이라구요. 이 꿈은 한석규의 죽음으로 실현되죠. 한석규 자신만 빠진 채로 말이에요. 문성근의 아이를 임심한 심혜진이 문성근과 함께 우연히 그 식당에서 삼계탕을 먹고 그 집이 한석규 집안인 것을 알고 오열하죠.

저처럼 순하고 여린 사람도(^^) 지금까지 몇 차례 악역을 맡은 적이 있어요. 악역을 행할 당시 그것이 악역이라고 생각하지는 않았어요. 회사의 상황이나 조직의 상황이 당연히 그렇게 진행되어야 한다고 생각하여 그렇게 했을 따름이죠. 나중에 돌이켜보니 그게 악역이었고 제가 분노의 대상이 된 거죠.

아는 분의 소개로 소규모 회사에 들어갔는데 제조와 유통을 동시에 해야 했어요. 사장님은 이 회사에 돈을 빌려줬다가 제대로 받지 못하자 회사를 인수하였죠. 어떻게 보면 돈도 못 받고 부실기업을 떠안은 꼴이었죠. 사장님은 유통 마인드가 강하여 영업을 강하게 밀어붙이고 있었죠. 회사의 재무 상태와 수입-비용 구조를 찬찬히 살펴보니 매출이 늘면 늘수록 비용이 더 늘어나는 구조였어요. 회사를 운영하면 할수록 손해가 더 커지는 구조인 것이죠. 지금 손해를 보더라도 앞으로 발생할 더 큰 손해를 막으려면 여기서 정리하는 것이 필요했죠. 매몰비용으로 버릴 것은 버리고 남은 회사 자산을 처분하면 생산 부분에서 일하는 사람들의 임금과 퇴직금은 마련할 수 있을 것 같았죠. 문제는 이 회사의 영업부서였어요. 회사규모나 매출에 비해서 인원이 과도한 편이었어요. 이 분들의 정리가 필요했는데 해고에 따르는 비용이 크게 들지 않아야 하고 분규도 발생하지 않아야 했죠. 그래서 이 분들의 사직서와 저의 사직서를 동시에 제출하여 사장님이 회사를 정리할 수 있도록 하였어요. 이 회사에 들어간 지 3개월 만의 일이었죠. 그런데 사장님은 이 상황을 받아들이기 어려웠던 모양이에요. 새로운 영업 조직과 관리자를 다시 영입하여 회사를 경영하였죠. 결국 모든 자금을 소진한 후 회사는 몇 개월 후에 파산하고 문을 닫았어요. 회사를 정리할 수 있을 때 과감히 정리했더라면 훨씬 수월하게 재기할 수 있었을 거예요.

일을 처리하는데 상대방에게 아픔을 주고 악역을 해야 하는 경우라면 한 번 더 상대방의 입장을 살펴보는 것이 필요해요. 좋은 방향으로 합리적으로 일을 처리해 나간다고 하여도 상대방에게 응어리를 남길 수 있어요. 상대방이 받아들이고, 상대방도 머릿속으로는 이해된다고 하여도 아픔은 아픔대로 남아 있게 마련이거든요. 이런 점까지 고려할 필요가 있는 거예요. 남을 쳐내는 칼날이 언젠가 자신을 쳐낼 수도 있어요. 자신이 날아갈 때 느끼는 분노, 앞서서 누군가가 나에게서 느꼈을지도 모르는 거예요.

인간관계를 조정할 때 법적 근거에 기초하라

학원이라는 업종은 보통의 회사와 많이 달라요. 학원을 안정적으로 운영하기가 무척 어려워요. 학생과 학부모의 이동이 너무 심하기 때문이죠. 강사의 수업능력이나 성적 결과 때문에 아니면 교육 정책의 변화 때문에 학원 운영은 쉽게쉽게 흔들리게 되죠. 그래서 강사의 채용과 퇴원이 너무 빈번하게 일어나죠. 그리고 학원 강사의 지위도 애매해요. 세무서에서 자영업자로 등록되어도 법원은 실제적인 근로자로 보고 학원은 강사에게 퇴직금을 주도록 판결을 내리고 있어요. 그런데 영세한 학원을 운영하는데 강사의 퇴직금을 모아 놓는 것이 쉽지 않아요.

학원이든 소규모 자영업이든 고용주는 고용인에 대한 법적 요구사항을 확인하고 준수하는 것이 필요해요. 사업을 할 때 이런 것까지 비용으로 산정해야 하죠. 만약 사업상 예상 매출이 이런 것까지 감당할 수 없다면 그 사업을 하려는 것을 심각히 고려해야 하죠. 누구나 최악의 상황에 빠지면 최대의 이익을 확보하려고 몸부림쳐요. 아무리 서로 좋은 인간관계를 유지하고 있더라고 자신의 권리를 포기하지 않아요. 자기 권리가 실현되지 않는다면 그 권리를 법에 호소하여 보호받으려 하죠. 법적 강제가 들어오면 그것을 회피할 수 없어요. 그래서 사업자등록을 내고 사업을 할 경우에는 고용인에 대한 최소한의 법적 요구사항을 준수해야 해요. 아무리 작은 사업이라도 월급쟁이 직장생활과는 질적으로 다른 거예요.

분노 대신
아부가 필요하다

사람의 심리는 아부를 원한다

자동차를 사겠다고 작정하면 사람들은 여러 자동차 광고를 꼼꼼이 검토할 거예요. 몇 천만 원이라는 큰돈이 들어가니까 당연히 그럴 거예요. 그래서 자동차의 지면 광고는 이미지 광고를 하는 경우가 드물어요. 성능이나 연비나 기타 그 자동차만의 기능과 장점을 깨알같이 지면 가득 싣고 있죠. 그래도 구매자가 그것을 다 보고 검토하니까요.

자동차를 막상 사고 나면 구매자가 오히려 그 광고를 더 열심히 본다고 해요. 차를 샀으면 광고에 더 이상 신경 쓰지 않을 것 같은데 구매 전보다 더 열독을 하니까 이상하게 느껴지죠? 이게 바로 사람의 심리예요. 자기가 산 물건이 좋은 거고 자신의 선택이 틀리지 않았다고 스스로 합

리화하는 거래요. 더 나아가서 그 자동차에 대한 열렬한 홍보자가 되는 것이지요. ^^

　인간의 심리는 자기 마음을 안정화시키고 자기 정체성을 절대지존으로 만드는 것 같아요. 그래서 자동차를 구입하고 난 후에 광고를 더 열심히 보는 것도 "그래, 잘 샀어. 짱이야." 라고 자기 합리화하는 과정인 것이죠. 당신의 친구가 차 산 것을 자랑하려고 당신을 차에 태워주는데, 괜히 질투가 나서 "아이, 이게 뭐야."라고 흰소리 하면 큰일 나요. 친구관계, 연인관계가 그걸로 끝이에요. ^^ '나 이거, 잘 샀지? 잘 선택했지?'라고 확인받고 싶은 마음에다 대고 '너, 왜 이렇게 찌질하니?' 라고 재를 뿌리는 꼴이거든요. 인간의 심리는 이렇게 아부를 원하고 있어요.

　자기 정체성에 확신을 가지려는 인간 심리는 다른 사람에 대해서는 '못미더움'으로 나타나는 것 같아요. 특히 사회 여론의 영향력에 대해서 인간 심리는 이렇게 생각한다는 거예요. '나는 괜찮은데 다른 사람들은 크게 영향을 받아 흔들릴 거야.' 자신은 마치 객관적으로 제3자 입장에서 판단하는 척 하면서 다른 사람들은 이리 쏠리고 저리 쏠릴 거라고 생각한다는 거예요. 대중가요에서 '난 괜찮아'라는 노랫말이 들어 있는 노래가 몇 곡 되는 것 같죠? 사람들의 심리를 잘 찌르고 있기 때문이 아닐까요? '나는 괜찮은데, 너는 어떠니? 괜찮지 않지?' 라는 것이죠. ^^

　나도 모르게 내가 자신에게 아부하고 있는데, 만약 다른 사람이 나를 비판한다면 어떨까요? '어, 고맙다. 너의 충고를 새겨들을 게.'라고 말할 사람이 열 명 중에 한 명도 없을 거예요. 겉으로는 이렇게 말한다고 하여도 속으로는 절대지존이 베어지고 쓰러진 그 자리에서 피가 나고 쓰라리게 되죠.

아부는 나쁜 거라고 어려서부터 배웠기 때문에 '누가 나에게 아부를 해도 나는 흔들리지 않아'라고 또 다른 절대지존을 세워 놓죠. 그런데 막상 누군가 나에게 아부를 하면 기분이 나쁘지 않아요. 나를 절대지존 으로 치켜세우는데 화를 낼 이유가 없잖아요. 아부는 나쁘다고 생각하지 만 나에게 아부하는 사람이 나빠 보이지 않는 거예요.

반대로 내가 누군가에게 아부하기는 쉽지 않아요. 이때는 아부가 나쁜 거라는 생각이 크게 작용하죠. 그럴 만한 이유가 있어요. '당신이 절대지 존이고 나는 절대지존이 아니에요.'라고 고백하는 것인데, 내 마음이 그것 을 허락하지 않는 것이죠. 오히려 상대방의 나쁜 점, 못난 점만 눈에 들어 오죠. 그래야 내가 절대지존이 되니까요.

그래서 아부에는 기술이 필요한가 봐요. 아부가 상대방에 대한 존중이 라면 예의나 에티켓과 크게 다르지 않을 거예요. '아부는 예의를 차리는 것이다.'라고 간단히 생각하면 어려울 게 없을 거예요. 그런데 아부는 예 의를 넘어서서 상대방을 띄워주고 절대지존으로 만드는 거잖아요. 그렇다 면 아부는 칭찬과 다를 게 없고 상대방이 잘한 점, 뛰어난 점을 부각시켜 그 의미를 부여하는 것이네요. 눈살을 찌푸리게 하는 아부는 이것을 과 장되게 하거나 없는 것을 만들어내기 때문이죠. 적절한 타이밍에 적절한 수준으로 남의 장점을 부각시킨다면 그것은 아부라기보다는 인간 관계를 형성하는 수준 높은 기술이라고 볼 수 있죠.

남을 존중하고 칭찬하는 것이 진정성이 있느냐 없느냐에 따라 아부냐 아니냐가 판가름될 거예요. 그렇지만 진정성이라는 것을 확인하기가 쉽 지 않죠. 예의상 인간관계상 존중하고 칭찬하는 것은 나쁜 것도 아니고 장려할 일이죠. 아부를 통해서 상대방을 안심시켜 놓고 돌아서서 딴 일을 꾸미거나 상대방의 등에 비수를 꽂지 않는다면 괜찮을 거예요. 진정성이 있느냐 없느냐는 아부를 받는 사람이 생각해볼 문제인 거죠.

상사도 부하에게 아부하는 부드러운 카리스마가 필요하다

사회에 나와 처음으로 회사 생활하면서 겪었던 일이에요. 외국 기계부품을 수입하여 대기업에 납품하던 수입오퍼상이었죠. 해외거래처가 유럽 쪽 회사들이어서 이들의 아침시간에 업무를 진행하기 위해서 우리는 야근을 하는 경우가 많았어요. 국내 대기업에서 기술적인 문제가 발생하면 외국 기업으로부터 답변을 받아 빨리 처리해야 했지요. 하루는 긴급한 기술적 문제가 발생하여 야근을 하면서 빨리 처리해 달라고 외국 기업에 요구했어요. 그래서 팩스 전송문에 Top Urgent도 모자라서 TOP을 세 번씩이나 썼죠. 그 다음날 아침 이사님이 서류를 결재하면서 질책을 하시는 것이에요. 'FAX에 품위가 없다. 장난하는 것처럼 보인다. 유의하라.' 매우 정당한 지적이었지만 그러한 지적은 제 마음에 받아들여지지 않고 화가 솟는 거예요. '야근수당도 없이 밤늦게 회사일을 처리해도 욕만 먹잖아.' 그때 이사님이 앞뒤 상황을 물어보고 밤늦게까지 일한 부하직원들에게 '어, 수고했어' 라고 먼저 한마디 던지고 나서 외국 업체와 팩스나 전화로 업무를 할 때 조심해야 할 점을 말했다면 화날 이유가 없었을 거라고 생각해요.

상담에서도 그 사람의 긍정적인 부분을 먼저 말하고 그리고 난 다음에 부정적인 것을 돌려가면서 이야기하고 개선해야 할 방향을 제시하잖아요. 부하직원을 긍정하고 자존감을 살려주면 그러한 긍정적인 것들이 부하직원을 움직여 더욱 열심히 일하게 하죠. '칭찬은 고래도 춤추게 한다'고 하잖아요. 어떤 상황을 전환시켜 원하는 결과를 달성하려면 부하직원을 인정하고 격려해주면 돼요. 그래서 상사도 부하직원에 대한 아부가 필요해요. 저는 이것이 부하직원을 통솔하는 고도의 기술이라고 생각해요. 그렇기 때문에 이러한 능력을 '부드러운 카리스마'라고 부르고 싶어요.

상사는 지시명령에 익숙해서 부하직원의 입장으로 들어가 생각하는 것이 쉽지 않아요. 자신이 그랬던 것처럼 부하직원도 알아서 해야 한다고 생각하죠. 또 결과와 목표 달성이 중요하기 때문에 그것을 다그치는 것이죠. 그러나 결과나 목표를 내세운다고 그것이 저절로 달성되는 것도 아니잖아요. 부하직원에 대해 짜증내고 호통을 친다고 달성되는 것도 아니죠.

부드러운 카리스마는 '결과와 목표 달성을 주문하기보다 방법을 가르쳐라.'에서 나온다고 생각해요. 결과와 목표달성을 위한 방법을 가르치려면 먼저 부하의 상태를 파악하고 장단점을 눈여겨 봐야 하죠. 그리고 한두 마디 조언을 하게 되면 그것은 지시나 명령 하달보다는 의견 제시에 가까울 거예요. 그러면 부드러워지고 긍정적인 힘을 부하직원에 불어 넣을 수 있죠. 이것은 칭찬이 아니에요. 객관적으로 상황을 제시하고 해결 방법을 말하면서 부하직원이 어떻게 여기에 대처해야 하는지를 알려주는 것이기 때문이죠. 이렇게 방법을 가르친다면 부드러운 카리스마는 부하직원을 감동시킬 거예요.

갑–을 관계에서
자신을 **방어**하는 방법

｜폼 나는 사인, 그 사인의 의미

중학교, 고등학교 때 영어로 사인을 만들어 연습했던 적이 있었어요. 나만 그런 것이 아니고 주위의 친구들도 그랬었죠. 서로 사인을 보여주면서 자기 것이 멋있다고 자랑하기도 했지요. 지금 학생들은 그렇지 않지만 우리 중학교 시절에는 영어를 필기체로 공부하는 것이 필수였어요. 고등학교 들어와서 영어 단어를 외울 때는 연습지를 필기체로 새까맣게 '깜지'로 만들곤 했지요. 높은 수준의 필기체 솜씨로 자기 사인을 척하니 써 내려가면 보기에도 멋지고 마음도 뿌듯해졌구요. 탤런트 신구 선생이라면 아마 이렇게 말했을 거예요. "니들이 사인하는 맛을 알아?" ^^

유명한 배우의 멋진 사인을 보면서 '나도 세상에 나아가서 내 이름을 떨칠 거야.'라는 생각이 '사인 만들기 연습'에 잠재되어 있지 않았을까요? 사인이 자신을 드러내고 나아가 자기 자신이라는 것! 그런데 그것이 때로는 당신을 노예로 옭아매는 도구가 될 수 있어요.

파우스트 박사와 악마 메피스토펠레스는 서로 노예가 되는 계약을 맺어요. "멈추어라. 너 정말 아름답구나." 라고 파우스트가 말하는 순간, 그 즉시 파우스트의 영혼은 악마 메피스토펠레스 손으로 영원히 넘어가도록 계약을 맺게 되죠. 대신에 악마는 파우스트가 이 말을 하기 전까지는 파우스트의 노예가 되어 파우스트가 원하는 것은 전부 해주어야 해요. 주인이 노예가 되고 노예가 주인이 되는, 그야말로 '주인과 노예'에 관한 아주 특이한 계약이죠. 그리고 한쪽이 계속 노예가 되고 다른 한쪽이 계속 주인이 되는 계약이 아니기 때문에 서로 대등함을 보장하는, 진정한 의미의 '계약 게임'으로 볼 수 있을 거예요.

악마는 아마 이렇게 생각했을 거예요. '파우스트의 영혼을 영원히 소유할 수 있다면 그깟 50년 정도 종노릇은 껌값이야!' 반면에 파우스트는 '그 말을 안 하면 되지'라고 생각했을 것이구요. 그런데 파우스트는 죽는 순간 이 말을 해버려요. 당연히 계약에 따라 파우스트의 영혼이 악마 메피스토펠레스 손으로 넘어가야 하는데, 하느님이 파우스트의 영혼을 데려가 버리죠.

왜 계약대로 일이 진행되지 않았을까요? 저는 이 점에 대해 시비를 놓고 싶어요. 하느님이 악마보다 힘이 더 세니까 그랬을까요? 아마 그랬을지도 모르죠. 그런데 계약 자체를 따져보면, 계약 내용의 본질적 의미가 악마와 파우스트 사이에 달랐기 때문에 계약이 무효화 되었을지도 몰라요.

무슨 말이냐 하면, 인간은 욕망을 향하여 달리다가 자기 꼬라지도 모르고 자만에 빠질 수 있다는 거예요. 마치 자기가 신이나 된 것처럼, 완전성을 획득한 것으로 착각에 빠질 수 있는 것이죠. "멈추어라. 너 정말 아름답구나." 라는 말을 악마는 이런 의미로 해석하고 있었고, 인간이 그렇게 자만하는 순간을 노리고 있었는지도 모른다는 것이죠. 그런데 파우스트의 마지막 외침은 그러한 악마적인 것의 멈춤, 초라하고 미약한 것의 종지부를 의미한 것이 아니었을까요? 욕망과 자만을 말하는 대신 허무와 회개를 고백한 것이라면 계약 내용의 본질적 의미가 달라지므로 계약이 무효화될 수도 있고, 그래서 하느님이 파우스트 영혼을 거둔 게 아니냐는 것이죠.

각설하고! 파우스트와 메피스토펠레스는 처음 계약할 때 계약서에 폼나게 사인했을 것이에요. 파우스트는 세상의 온갖 지식을 통달한 박사니까 그러한 위엄이 사인에 넘쳐날 거예요. 메피스토펠레스는 악마니까 손으로 직접 쓰는 대신 눈으로 빨간 레이저 광선을 쏘면서 종이에서 붉은 핏물이 뿜어져 나오도록 해서 파우스트를 섬뜩하게 했겠죠.

계약서에 사인을 하고 나면 악마라도 그 계약을 이행해야 해요. 그래서 악마는 파우스트가 죽을 때까지 종노릇을 하잖아요. 왜 그럴까요? 계약은, 자기 일은 스스로 결정한다는 자기 결정권에 기초하고 있기 때문이에요. 자기의 주인은 자기이잖아요. 주인인 내가 결정한 것이니까 그것을 지켜야 하는 것이죠. 게다가 계약은 상대방과 하는 거예요. 자기 결정권을 갖고 있는 개인들끼리 정하는 것이니까 지켜야 하는 것이죠. 이것을 사적 자치私的自治라고 한다나 뭐라나. ^.^

그런데 우리에게 계약은 낯설어요. 우리는 인정이나 신의나 의리 등이 계약서에 나타난다고 생각하죠. 계약서상의 상대편이 그러한 인정과 신의와 의리를 지켜줄 것으로 착각해요.

서양에서는 계약상의 권리-의무 관계를 명확히 따지는 사고방식이 옛날 로마시절부터 나타났어요. 로마의 법 발달과정은 평민이 귀족에 대항하여 동등한 권리를 찾아나가는 과정이잖아요. 권리-의무관계를 일상적으로 따지는 사회적 풍토에서는 계약상의 자유로운 두 주체를 상정하는 것이 자연스럽죠. 그래서 계약에는 '내가 주는 만큼 상대편인 너도 이만큼 주어야한다.'라는 교환적 정의가 실현되죠.

반면 동양에서는 '통치'는 있었지만 '계약'은 없었어요. 법가사상은 국가통치의 객관적 근거를 마련할 뿐이에요. 사람들의 권리를 보호하거나 자기 결정권을 옹호한 것이 아니었죠. 왕이나 권력자들은 힘이 있으니까 이러한 법 적용에서 쉽게 벗어날 수 있었죠. 오히려 유교의 '인仁' 사상이 강력한 힘을 발휘하고 오랫동안 이어져왔고, 국가 통치도 도덕적이어야 한다고 강조되었죠. 그래서 우리는 거래를 규정하는 계약에 이러한 배려나 베풂이 있을 거라고 자연스럽게 생각하게 되죠. 그러나 꿈 깨세요. ^^

어떠한 계약서라도 상관없어요. 갑-을 계약서를 혹시 본 적이 있나요? 태어나서 우리나라의 갑-을 계약서를 처음 보는 사람이라면 매우 황당해 할 거예요. 거의 노예 계약서 수준이에요. 배려나 베풂은 고사하고 온통 '을'의 의무 내용으로 꽉 차 있어요. 누가 일방적으로 유리하고 다른 누가 일방적으로 불리하다면 계약이 성립할 수 없는데도, 갑-을 계약서는 갑에게 일방적으로 유리하고 을에게 일방적으로 불리하게 되어 있어요.

제가 갑-을 계약서를 처음 본 것은 지방에서 학원을 운영하려고 준비할 때였어요. 처음으로 거금을 빌려 사업을 해보려던 참이였죠. 그런데 학원 프랜차이즈 계약서를 보고 기겁하였어요. 이런 조건에서 학원을 해야하는가 고민을 무척 많이 하였죠. 여러 사람에게 물어 보기도 하였지요. 그런데 갑과 을의 관계가 대학 선후배 사이였고, 또 주위의 많은 아는 사람들도 이 프랜차이즈 학원 경영에 참여하려고 했기 때문에 학원을 해보기로 결심하였죠.

'봄 여름 가을 겨울의 숲'이라는 방송 프로그램에 가수 이승환씨가 나와서 한 이야기가 기억나요. 가요계에 데뷔하기 위해 곡을 만들어 기획사를 두드렸지만 전부 NO였다고 해요. 17번째 기획사에서 겨우 계약을 했는데, 계약 조건이 정말 노예적이였죠. 3년 동안 앨범 3집을 내야 하고, 계약금은 없고 인세도 없다는 거예요. 앨범 녹음하는 비용을 기획사가 대고 음반을 내줄 테니, 아무런 대가를 기대하지 말라는 것이죠. 계약서를 쓰고 녹음 작업에 들어갔지만, 결국 아버지에게 이 계약을 말하고 도움을 청하였다고 해요. 그래서 데뷔 때부터 스스로 기획사를 만들어서, 가수 활동을 한 거래요.

갑-을 계약서는 최악의 경우를 대비하여 내용이 꾸며져요. 책임질 상황이 오거나 경제적 손실이 발생할 경우, 을이 대부분 부담하는 방식이죠. 갑은 철저하게 을에게 책임과 손실을 전가해요. 그리고 이득이 발생하여 이익을 나눌 경우에는 갑은 최대의 이익을 갖고, 을에게는 최소의 이익을 주는 게 보통이죠. 그래서 망할 정도로 사업이 안 되는 것도 문제가 되고, 또 너무 잘되어서 대박이 나는 것도 문제가 돼요. 적당히 굴러

가는 것이 문제가 발생하지 않아서, 을에게도 좋은 것이죠. 그런데 문제는 최악의 사태가 발생할 경우에요. 그리고 지금처럼 경기가 지속적으로 나빠지는 상황이에요. 경기가 괜찮을 때는 별 문제가 없었지만, 최악의 상황에서는 손실의 대부분이 을에게 전가되기 때문이에요. 대리점에 대한 본사의 밀어내기가 대표적이죠. 이런 상황에서는 계약이 자기를 노예상태로 빠뜨릴 수 있어요. 계약서를 쓸 때 폼나게 자신을 드러낼 줄 알았던 사인이 이제 '노예 결정권'이 되어버린 것이죠.

연대 보증은 정말이지 최악이에요. 연대 보증은 일방적인 갑-을 관계를 제3자에게도 부과하는 거예요. 연대 보증인은 아무런 권리도 없이 의무만 지게 되죠. 더구나 갑-을 사이의 계약 내용이나 갑-을 사이의 거래 내용도 모른 채 일방적으로 책임만 질 수 있어요. 연대 보증을 요청하는 사람의 선의에만 의존하고 있기 때문에 언제든지 도덕적 해이가 나타날 수 있죠. 이제 상대방의 선의에 기초해서 나에게 아무런 책임이 돌아오지 않기를 벌벌 떨면서 빌어대는 경제 활동 시스템은 사라져야 할 거예요. 부모 형제지간에도 경제활동의 책임은 자신이 져야 해요. 그리고 금융기관에서도 신용조사를 충분히 하여 회수할 가능성이 있는 만큼만 빌려주면 되잖아요. 제3자에게 전가할 필요가 없는 것이죠. 저의 결론은 이거예요. 사인, 함부로 하지 마라.

갑-을 관계에서 자신을 어떻게 방어하나

가왕歌王 조용필이 2013년 'Hello Hello'라는 노래로 컴백하며 큰 인기를 다시 확인하고, 국민가수임을 증명하였잖아요. 그런데 이 과정에서 희한한 일이 밝혀졌어요. 조용필이 자신의 노래를 공연할 때마다 기획사에 돈을 내야 한다는 사실이에요. 조용필의 히트곡 대부분이 그렇다는 거예요. 세상에, 자기 노래를 부를 때마다 돈을 내다니, 그것도 국민가수 조용필이.

기획사와 음반을 낼 때, 기획사가 계약서에 이런 문구를 넣었는가 봐요. 그래서 계약서는 절대로 남의 말만 믿고 사인해서는 안 돼요. 계약서를 작성한 후에 '나, 제대로 안 읽었어. 그 사람 이야기만 믿고 했단 말이야.' 라고 해 보아야 소용없어요. 계약서에서 빛나는 자기의 사인이 그렇지 않다고 말할 뿐이에요. 계약의 내용에 어떤 의미가 있는가 생각해 보기 위해서는 며칠 동안 여유를 갖고 읽어 보아야 해요. 이런 검토 없이 계약서를 읽은 바로 그 자리에서 계약해서는 안 돼요.

자신을 방어하는 최상의 방법은 계약서에 사인을 하지 않는 거예요. 최근에는 핸드폰으로 계약을 유도하는 경우가 많죠. 사은품이나 경품을 미끼로 구두계약을 체결하기도 하잖아요. 핸드폰으로 말하는 구두계약도 녹취되어 계약서로 인정되기 때문에 유의해야 해요. 종이로 된 계약서는 시간을 두고 읽어 볼 수도 있지만, 구두계약은 그것도 쉽지 않아요. 그래서 일단 계약을 안 하고 보는 거예요.

"먹고 살기 위해서 사업자끼리 계약을 맺는데, 계약을 하지 말라고 하면 굶어 죽으라는 말이냐?" 그래요. 차라리 굶어 죽는 것이 나을 수도 있어요. 계약을 하지 않으면 가늘게 길게 살 수 있어요. 사업자와 사업자 사이에서 맺는 계약, 예를 들면 음식점 등의 프랜차이즈 계약을 해서 사업을 하는 경우 먼저 자기 돈을 투자해야 해요. 자기 돈을 투자해서, 시설을 갖추고, 그 다음에 영업을 해서 매출을 올리고 수익이 나오는 시간 과정이 필요하죠. 이 시간 과정이 모두 비용 지출이에요. 그래서 한두 달 사이에 커다란 비용 지출이 있게 되고, 매출이나 이익이 생각보다 적게 나오면, 지출된 비용은 회수가 불가능해요. 자신이 평생 모은 돈을 한두 달 사이에 왕창 날릴 수도 있는 거예요.

계약하여 어떤 일을 하려고 하거나 사업을 시작하려고 할 때, 일어날 수 있는 최악의 상황을 생각해 보아야 해요. 계약서에 그런 상황을 염두에 둔 내용이 있다면, 자신이 감당할 수 있는지 없는지를 살펴보세요. 그리고 자신이 일방적으로 그것을 부담하는 것이라면, 쌍방이 분담할 수 있도록 수정을 요구해야 해요. 만약 받아들여지지 않으면 사인을 안 하는 게 나을 수도 있어요. 최근처럼 경기가 안 좋은 상황에서는, 최악의 상황을 전제로 한 '을'의 의무사항이 일상적인 거래로 고착될 가능성이 있기 때문이에요.

그리고 나하고 인간적인 관계에 있는 사람을 통해 계약을 맺고 일을 하는 경우가 많지요. 인간적인 관계에 있는 사람이기 때문에 신의나 의리를 믿게 돼요. 이렇게 진행되는 것이 을의 입장에서는 안심이 되고 일이 잘 풀릴 수도 있어요. 상대방이 갑 입장의 최고 책임자일 경우에는 더욱 그러할 거예요. 그렇다 하더라고 계약서의 을에게 일방적으로 불리한 부분은 수정할 필요가 있어요.

만약 나하고 잘 아는 사람이 커다란 조직의 실무자일 경우에는 나를 배려해 줄 가능성이 그렇게 많지 않아요. 어쩌면 자기와 관계된 사람에게 특혜를 준다는 인상을 없애기 위해서 더욱 야박하게 당신을 대할지도 몰라요. 그래서 대기업이나 큰 조직에 있는 사람과 거래를 할 때에는 자신의 모든 아이디어를 주어서는 안 돼요. 자신과 잘 아는 사람이라 하더라도 계약이 성립되어 자신의 권리가 보장되기 전까지는, 자신의 진짜 아이디어나 사업영역을 드러내지 않는 것이 필요하죠.

10만 원이 1억 원의
가치를 가질 때

돈의 값어치가 아니라 삶의 값어치로 따지는 상황

부도가 났다. 몇천만 원의 어음이 만기일에 돌아왔지만, 그것을 결제하지 못한 것이다. 만기일 며칠 전부터 은행에서 연락이 왔을 때, "예, 준비해 놓겠습니다." 라고 말로만 해 놓고, 결제 금액을 거래은행에 입금시키지 못한 것이다. 몇천만 원이 문제가 아니다. 이것을 시발로 하여, 시중에 깔아 놓은 어음들이 계속 돌아올 것이다. 그 금액은 첫 부도 금액의 5~6배 이상에 이른다. 수억 원의 돈을 한두 달 사이에 갚아야 하는데, 사업도 안 되고 현금 동원력도 딸려서 부도가 난 것이다. 동네 구멍가게 수준의 사업인데도 웬 돈이 이렇게 많이 들어가는지.

소식을 듣고 빚쟁이들이 몰려와서 한바탕 쓸고 지나갔다. 집이며 사무실이며, 돈 될만한 것들에 대해 가압류를 해버린 상태였다. 부도의 조짐이 보여서, 두 달 전에 집사람 이름으로 단칸방 하나 얻어 놓은 것이 집안 재산의 전부였다. '길거리에 나앉는다'는 말, 실제로 닥친 것이다. 아무도 없는 사무실에서 혼자 의자에 앉아 멍하니 허공만 바라본다. 그냥 찔러본 바지 주머니에서 손에 잡히는 것이 있었다. 왼쪽 주머니에는 날근해진 메모종이였다. 오른쪽 주머니에는 만 원짜리 지폐가 열장 있었다. 그 10만 원은, 사업이 잘나갔을 때 1억 원 정도의 무게로 손안에 잡혀 있었다.

10만 원을 어디다 쓰나? 이 10만 원은 10만 원이 아니라 1억 원이다. 이 귀중한 '놈'을 어디에다 써야 하나? 순간적으로 이런 생각이 지나가면서, 갑자기 허기가 느껴졌다. 빚쟁이와 난리 법석을 피우느라 배고픈 것도 잊고 있었다. '다 먹고 살기 위한 것인데.' 그러고 보니 회사 앞 중국집에 빚진 것이 생각났다. 직원들 밥값으로 외상이 꽤 밀려 있을 것이다. 일단 중국집에 가서 자장면과 볶음밥을 시켜 먹었다. 그리고 나서 중국집 사장님을 불렀다.

"저, 요 앞 부도난 회사의 사장이에요."

외상장부를 갖다 달라고 하여 살펴보니 100만 원이 좀 안 되었다.

"갖고 있는 전 재산이 10만 원이에요. 이걸로 밀린 외상값을 퉁 쳤으면 합니다."

중국집 사장님도 이 돈이 1억 원 이상의 가치를 갖고 있다는 것을 알고 있을까? 아마 알고 있을 것이다. 사람이 살아가면서 돈의 값어치가 아니라 삶의 값어치로 따져야 하는 상황이 있다는 것을, 밑바닥에서부터 고생한 사람들이 왜 모르겠는가?

어렸을 때 보았던, '바람과 함께 사라지다'의 마지막 장면의 대사가 떠올랐다. 무너지고 망가진 스칼렛이, 무의미하면서도 스스로 희망을 다짐하는 말이었다. '내일은 또 내일의 태양이 떠오른다.' 다시 일어설 수 있다면, 백번이든 천번이든 외칠 수 있는 말이었다. 중국집을 나서는데 강렬한 오후 햇빛에 눈이 부셨다. 이상의 '날개'처럼, 그러나 '인공의 날개' 대신 '희망의 날개'를 달고 다시 한 번 올라가고 싶었다.

저는 이 분이 누구인지 몰라요. 가까운 친척에게서 이 이야기를 들었을 따름이에요. 그런데 살면서 죽으라는 법은 없는 것 같아요. 이 분이 좌판을 깔고 장사를 하다가, 이벤트 행사의 매대로까지 진출하여 건강식품 아이템이 대박을 터뜨려 재기할 수 있었다고, 이 이야기의 끝말도 같이 들었어요. 10만 원이 1억 원의 가치를 지닐 때도 있다는 것을 알고 있는 사람이, 삶에 대한 진지함과 치열함이 어찌 남과 같겠어요? 그렇기 때문에 다시 일어설 수 있었다고 생각해요.

가족에 대한 '나'의 **약속**을 마음속에 꼭꼭 심어두라

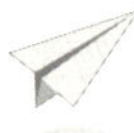

가족 내에서 분노는 파멸의 지름길

가족 내에서 식구들이, 특히 가장이 화를 잘 내는 이유가 있어요. 가정은 사적 영역이기 때문에 통제 시스템이 없는 것이죠. 오직 자기 자신만이 알아서 통제해야 해요. 사회 활동에서 오는 스트레스나 피로감을 집에서 풀고 해소하는데, 자신의 신경을 거스르는 것에 대해 쉽게쉽게 화를 내는 것이죠. 또 내 식구들이니까 나를 가장 잘 이해줄 거라고 생각하고, 애써 자신의 불만을 표현하지 않아도 알아줄 거로 착각하는 거예요. 그러다가 사소한 불만들이 쌓여서 화가 폭발하면 배우자를 자극하고 서로 상승작 용을 일으키게 되죠.

어렸을 때 읽었던 이솝 우화의 한 장면이 기억나네요. '싸움의 공'이었던 같아요. 좁은 골목길에 공이 있어 툭 찼더니 공이 커지는 거예요. 그래서 '어, 이놈이' 하고 다시 찼더니 더 커지고, 그래서 또 한 번 찼더니 더욱 커지는 거예요. 이런 식으로 공을 자꾸 차서 골목길이 막혀 버리고 다닐 수 없게 되었다는 것이죠. '부부 싸움은 칼로 물 베기'라는 속담만큼은 잘못되었다고 생각해요. 부부싸움이나 가족 내에서 분노의 폭발은 '싸움의 공'처럼 커지고, 식구들 마음속에 깊은 상처를 주는 것 같아요.

가족 내에서의 분노는 그 당시에만 고통을 주는 것이 아니라, 아이들의 마음에 상처를 주고 그것이 쌓여서 자식들에게도 그런 버릇을 남기게 되죠. 나의 업業을 자식에게도 물려주는 거예요. 왜냐하면 아이들이 정서적으로 그런 상황에 의존하는 경향이 있기 때문이죠. 자기 머리는 그것을 부정하여도 정서적으로는 그런 상황에 적응하고 있는 거예요. 특히 술 먹고 집에서 휘두르는 폭력은 정말이지 배우자나 아이에게 커다란 멍에를 씌워 주는 것이죠.

내가 있음으로 가족을 껴안고 위로한다

가정이라는 사적 공간을 분노나 화풀이의 공간이 아니라 친밀의 공간으로 바꾸기 위해서는 식구들이 '나와 다르다'는 차이를 인정해야 해요. '저 사람이 저렇게 생각하는 데에는 이유가 있을 거야.', '쟤가 저런 태도를 보이는 것에는 뭔가 있겠지.' 이렇게 생각하며 그것을 이해하려고 노력해야 하는 거예요.

결혼하기 전까지 살아온 과정의 차이, 그 과정에서 쌓인 업業과 내력의 차이, 결혼하여 아이 낳고 아이를 키우는 육아 방식의 차이, 성격의 차이, 시댁과 처가에 대한 생각의 차이, 음식에 대한 차이, 휴식을 보내는 차이, 취미의 차이, 성을 대하는 관점의 차이, 가정 경제를 바라보는 차이, 소비 성향의 차이, 여성과 남성의 진화의 차이, 여기에다 아이들의 차이까지 생각하면, 정말이지 가족이란 온갖 차이들이 몰려 있는 집합소이죠. 그것을 내 마음대로 할 수 있다고 생각하거나, 다른 식구들을 고려하지 않고 행동하면 가족 내에서 싸움은 매일 일어날 거예요.

차이를 인정 하더라도 가끔은 화가 폭발하여 싸움이 일어나기도 할 거예요. 이럴 때, 해서는 안 될 행동과 해서는 안 될 말들을 반드시 미리 정해놓고, 넘어서는 안 될 마지노선을 꼭 지켜야 해요. 사람이 화가 나는 순간, 상대방을 공격하고 무너뜨리기 위해 상대방의 가장 큰 약점을 파고드는 경향이 있기 때문이죠. 그런 마지노선을 미리 마음속으로 정해 놓고, 자신을 통제해야 하죠.

결혼할 때 배우자에 대해 속으로 약속하고 다짐한 것들이 있을 거예요. 마음속에 꼭꼭 심어두었던 것들이 있죠. 상대방에 대한 사랑과 그리고 믿음일 거예요. 그것을 가끔 꺼내어 잘 보관하고 있는지 확인해보세요. 어려움이 있을 때에는 거기에 듬뿍듬뿍 물을 주어 그것이 활짝 자라서 자기 마음의 그늘을 덮을 수 있도록 해보세요. 또 아이를 생각할 때 어렸을 적 귀엽고 사랑스런 모습을 떠올려 보세요. 이 아이에 대해서 내가 해줄 수 있는 것이 무엇일까 생각하면서 담아 두었던 그때 모습 말이에요. 아이는 부모의 늙어가는 모습을 기억하는 반면 부모는 아이의 어렸을 적 모습을 기억에 담아두죠. 눈에 넣어도 아프지 않은 그 모습, 그것을 떠올리며 가족에 대한 당신의 약속을 잊어버리지 않는 거예요.

가족으로부터 내가 위로받는 것이 아니라 당신이 가족을 위로해야 해요. 내가 있어서 가족을 껴안을 수 있다면, 자신의 분노를 잠재우고 새로운 힘을 충전할 수 있을 거예요.

늦춤

쓰러진 '나'를 다시 일으켜 세운다

복잡한 사회생활을 하다보면 여유를 꿈꾸게 된다. 경제적으로도 부족하지 않고, 애써서 일하지 않아도 술술 풀리기를 소망한다. 그러나 이런 소망을 이루는 것은 거의 불가능하다. 이런 여유가 생기는 즉시 일은 안 풀리기 시작하고, 경제적 여유도 점점 없어지게 된다. 그래서 여유 대신 늦춤이 필요하다. 늦춤은 여러 가지를 돌아보게 한다. 잘 되는 것들을 하나하나 챙길 수 있다. 어렵고 힘든 상황도 가볍게 툭툭 쳐나가면서, 하나하나 만들어갈 수 있다. 늦춤을 생활화하면 최악을 막아내는 힘이 생기고, 반전의 기회를 잡아 '나'를 다시 일으킬 수 있다.

1년의 노력과 4년의 노력이 **보장**한 것
–그러면 10년의 노력이 보장할 것은

| 잃어버린 '사회 초년생활 10년' 되찾기

20대와 30대 초반까지 정상적인 직업을 갖지 않고 사회운동을 한 결과, 직업인이라면 대부분 갖게 되는 사회 초년생활 10년이 저에게는 공백의 시간이 되어버렸죠. 그래서 저는 작은 규모의 회사를 두세 군데 다니다가 사회 속에서 이런 저런 경험을 하던 중, 30대 후반에 학창시절의 친구들을 가끔 만나봤어요. 대학을 졸업한 후 취직하여 대부분 대기업이나 공직 사회에 근무하고 있더라구요. 이들에게는 사회 초년생활 10년이 끝날 무렵이었죠. 잘나가고 있어서 승승장구하는 친구들도 있었고 벌써 실패하여 몰락의 길에 있는 친구도 있었어요. 이 중에서 고등학교 친구 2명을 만나보고 많은 생각을 하였고 인생의 교훈도 얻게 되었죠.

이들은 일류대학교를 나오지 않았어요. 대학 입시에서 실패한 경험이 있었죠. 그런 아픔이 있어서 그랬는지 당시의 공부 안하던 대학 분위기에서도 4년 동안 자신의 실력을 갈고 닦았던 것 같아요. 회사나 조직에 들어가서 능력을 발휘하여 30대 중반에 이미 앞길이 예정된 중간 관리자와 전문가로서의 지위를 갖고 있더라구요.

친구들을 한두 차례 만나고 나서 곰곰이 생각했어요. 저는 고3 시절 1년 동안 이들보다 노력을 좀 더 집중하여 학벌을 얻었다면, 이들은 4년 동안 갈고 닦은 실력으로 사회 초년생활 10년을 얻었다고 생각했어요. 그리고 성공적인 사회 초년생활 10년이 이들에게 나머지 인생기간도 보장할 수 있으리라 생각했지요.

사회 초년생활 10년이 공백이었던 저는 앞으로 삶을 헤쳐 나가기 위해서는 결국 몇 배의 노력밖에 없다고 생각하였어요. 앞으로 10년 15년의 노력으로 삶의 나머지 기간을 보상받을 수 있다면 그것은 해볼 만한 가치가 있지 않을까라고 생각한 것이죠. 남들은 은퇴하여 어쩌면 막막할지도 모르는 그 시점부터 저에게는 그러한 노력의 결과가 보상된다면 당연히 그렇게 해야 한다고 결심하였죠.

그런데 이러한 10년 15년의 노력은 1년이나 4년의 학창시절 노력과는 성격이 다르더라구요. 학창시절 공부는 자신의 의지에 따라 성패가 결정되는 것 같아요. 독하게 마음 먹고 자기를 다스리면 성과가 있게 되죠. 그런데 사회에서의 10년 15년의 노력은 자기와의 싸움이 아니라 자기를 둘러싼 사회적 환경과의 싸움이에요. 사회적 환경을 자신에게 유리하게 만들기 위해서 끈질기게 그러면서도 지속적으로 노력해야 하지요. 그래서 이러한 노력은 자기를 늦출 수밖에 없어요. 자기를 늦추고 꾸준히 대응해야 한다는 점이 학창시절 공부하는 방식과 다른 점이더라구요. 자신을 아무리 달달 볶아대도 환경과 조건이 유리하지 않다면 결코 좋은 결과가 나오기 쉽지 않죠.

생애주기 단계에 따라 기회의 양상이 달라진다

생애주기는 보험회사에서 재테크를 위하여 사람들의 수입-지출의 변화 과정을 생의 흐름에 따라 따져보는 것이죠. 그래서 수입이 있을 때부터 노후시기까지 생애의 주기를 설정하는 것 같아요.

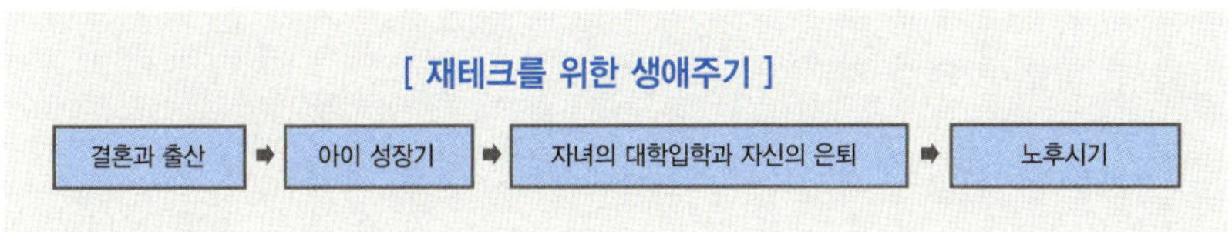

　　그런데 인생의 전략 수립을 위해서도 생애주기를 살펴보는 것이 필요해요. 왜냐하면 생의 과정에 따라 기회의 성격이 달라서 사람들이 노력해야 하는 방향도 달라지기 때문이죠. 기회 만들기를 위한 생애주기를 통해 나잇대별로 주어지는 기회의 성격이 어떠하나를 생각해보아야 할 거예요.

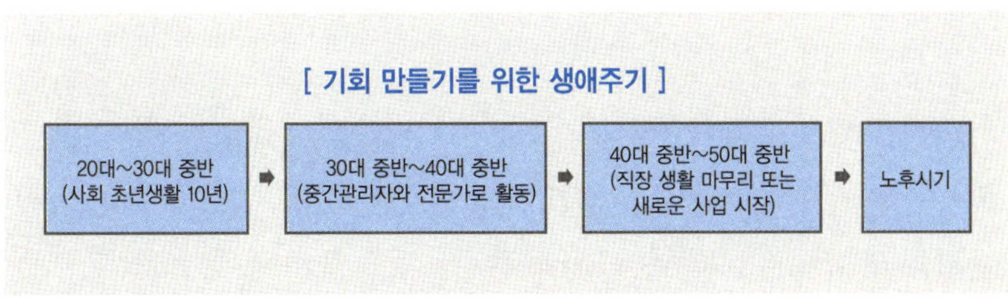

20대에 주어지는 기회는 다른 사람과의 경쟁을 통해서만 획득할 수 있어요. 우리 사회의 모든 곳에서 시스템을 유지하기 위해 매년 새로운 인재를 뽑는데 20대의 청춘들이 그 대상이죠. 취업 시장 규모로 본다면 가장 많은 사람을 뽑지만 대학입시보다 더 좁은 바늘구멍이죠. 특히 안정적이고 노후까지 보장될 것 같은 공무원이나 교사 그리고 공기업과 대기업 등에는 정말 많은 지원자가 몰려들고 있어요. 이러한 경쟁에 올인하여 20대 시기를 다 보내는 경우도 많을 거예요. 그렇게 했는데도 바늘구멍의 취업을 하지 못했다면 30대 가서는 정말 힘들어져요.

안정적인 직장도 좋지만 30대 후반이나 40대 이후에 꽃을 피울 수 있는 직업 분야도 중요해요. 그래서 저는 직장보다 직업 분야가 더 중요하다고 생각하죠. 대기업에 들어갔지만 소모품처럼 사용됐다가 40대에 밀려나와서 할 일이 없는 경우도 많거든요.

미래를 내다보면서 직업을 선택하다 보면, 업종이 다른 직장을 1~2년 단위로 옮기는 경우도 있어요. 이런 경우는 매번 옮길 때마다 신입사원이 되는데 너무 자주 옮기면 30대 초반에 가서 실패할 수 있어요. 회사에서 사람을 뽑을 때 근무경력이 3~4년 정도 되어야 경력을 인정해 주거든요. 그리고 직장을 1~2년 단위로 계속 옮기면 그 사람의 생활태도에 문제가 있다고 판단하죠. 그래서 처음에 입사하는 직업 분야가 중요하고 최소 3년 이상의 근무를 하는 게 필요하죠.

30대가 넘어서 사회생활을 처음 시작하려는 초년생들에게는 거의 기회가 없어요. 오라는 데도 없고 갈 데도 없으며 받아주지도 않아요. 20대에 공무원 시험이나 대학원 공부로 직업활동을 지연시킨 사람은 30대에

와서 정말 힘들어요. 이들에게는 사회 초년생활 10년이 공백으로 남는 것이죠. 제가 30대에 경험한 일이에요. 지금은 제가 경험할 때보다 더 혹독할 거예요.

이런 사람은 맨땅에 헤딩하며 일을 찾아나가야 하는데 쉽지 않아요. 30대에 헤딩하며 돌아다니면 사람들이 안쓰럽게 생각해요. "사람은 괜찮아 보이는데 학벌도 세고 나이도 많아." 그런데 20대에 헤딩하며 돌아다니면 사람들이 기특하게 생각해요, "젊은 사람이 패기도 있고 싹싹해서 좋구만! 와서 한번 일해 봐." 그래서 제가 하는 말이 이거에요. 왜 20대에 헤딩하며 돌아다니지 않느냐? 공무원 시험이나 대학원 공부 등으로 사회 초년생활 10년을 공백으로 만들지 마라.

30대에 사업을 일으켜 성공하는 사람도 자주 보게 되죠. 이런 사람은 20대에 헤딩하며 돌아다니면서 자기만의 전문 영역을 확보한 사람들이죠. 그리고 대기업이나 안정된 직장에 들어가 사회 초년생활 10년 동안 전문가로 능력을 닦아 놓은 사람이 30대 후반에 자기 사업을 시작하는 경우도 있어요. 결국 맨땅에 헤딩하든 대기업에서 실무경력을 충분히 쌓든, 30대에 자기 사업을 벌리기 위해서는 20대에서 30대 중반까지 사회 초년생활 10년의 바탕이 있어야 하는 거예요.

40대에는 어떨까요? 이 시기에는 자기가 돈을 내지 않고서는 기회 만들기가 어렵죠. 30대에 그래도 간혹 찾았던 일자리는 40대에는 주어지지도 않아요. 그리고 40대는 직장에서 밀려나는 시기잖아요. 자신의 전문 영역이 없어서 다른 곳으로 갈 곳이 없으면 결국 자기 돈 털어서 사업을 하게 되죠. 가족을 먹여 살려야 한다는 초조감에 빨리 무엇인가 하려고 하는데, 이러면 백이면 백 모두 망하게 되지요. 늦추면서 차근차근 일을 해야 해요. 차라리 퇴직금이나 모아 놓은 목돈을 조금씩 쓰는 게 더 나을 수 있어요. 이 시기에는 자기를 늦추고 무리하지 않는 것이 중요해요. 왜냐하면 40대에 실패하면 인생 끝이기 때문이죠.

그래서 40대에 돈을 투자하지 않으면서도 기회를 찾기 위해서는 30대에 자기관리를 잘해야 해요. 30대는 젊음과 패기로 모든 것을 '들이 받으면서' 살아가는 경향이 있잖아요. 40대에 가서 그것이 얼마나 무모했는지 나중에 알게 되죠. 30대에 자신의 영역을 확고히 잡아두고, 자신의 능력을 사람들에게서 인정받으며, 자신의 운명을 만들어줄 사람과의 인연을 맺어두어야 해요. 그러면 40대에는 자기 돈 들이지 않고도 새로운 기회도 얻고 도약의 계기도 잡을 수 있을 거예요. 직장에서도 임원으로 승진하는 시점이 바로 40대 중반일 거예요. 그러니까 우리 사회가 40대에 요구하는 인간상은 비슷한 거죠.

50대의 특징은 사람의 육체적 노화가 급속하게 진행된다는 점이에요. 갱년기라고 하잖아요. 40대 후반, 50대 초반까지는 젊음의 열정으로 30대처럼 일하는 게 가능하지만 정말 신기하게도 50대 중반이 되면 육체적으로 감당하기가 쉽지 않아요. 회사에서 정년을 55세로 잡아놓은 게 이해가 되더라구요.

그런데 50대 이후에 주어지는 일들은 육체적으로 힘든 3D 업종이에요. 노인에게 육체적인 일을 시키는 모순이 발생하는 것이죠. 이것은 산업 사회나 지식 사회에서 필연적으로 나타나는 거예요. 과거 농업사회에서는 노인의 경험과 지혜가 중시되었지만 이제는 신진세대의 새로운 지식이 사회에 영향을 주기 때문이죠.

50대에 육체적 노동 이외의 다른 분야에서 기회를 잡으려면 지식을 쌓아 활용할 수 있어야 해요. 그동안 20년, 30년 동안 직장생활 했던 분야를 정리하고 새롭게 응용할 수 있거나, 30대 40대에 헤딩하며 자기분야를 개척했던 부분을 한 단계 끌어 올릴 필요가 있는 것이죠. 그러면 60대 70대까지도 남에게 손 벌리지 않고 경제적 능력을 계속 유지할 수 있을 거예요.

2~3년은 여유를 갖되,
4~5년을 **넘기지** 마라

디메리트(단점)를 메리트(장점)로 바꾸는,
발상 전환의 의미

전설

"흔들어 주세요." 이 광고 문안은 '광고쟁이'에게는 전설로 남아 있죠. 1970년대 해태음료에서 기업의 운명을 걸고 새로운 음료를 출시했어요. 그게 '써니텐'이죠. 천연과즙 10%를 담았다는 의미에서 '텐'이라는 글자가 상표에 들어간 거예요. 지금이야 천연과즙 100% 음료가 흔하지만 당시에는 천연과즙 10%를 첨가한 것은 엄청난 거였어요. 멋진 남성 배우가 나와서 '태양의 젊음을 그대에게'라는 멘트를 날리면서 TV 광고를 했지요. 그런데 안 팔리는 거예요. 천연과즙의 침전물이 바닥에 깔려 있으니까 소비자들이 이 제품을 상한 것으로 착각한 거예요. 지금 생각하면 촌스럽죠? ^^ 흔들어 마시면 되잖아요? 당신이 그렇게 행동하는 것은 바로 "흔들어 주세요." 광고 때문이에요. "흔들어 주세요."라는 광고가 성공하면서 30년 이상 이 광고가 계속된 거예요. 이 광고를 만든 이낙연씨는 술을 좋아하셨나 봐요. ^^ 막걸리를 마시다가 잠시 놔두면 아래에 침전물이 가라앉잖아요. 그리고 손가락을 넣어 휘휘 젓고 나서 한 잔 크~ 하잖아요. 이 점에 착안하여 광고 문안을 만든 거래요.

이 광고 문안은 디메리트를 메리트로 바꾼 대표적인 사례로 꼽히고 있어요. 단점을 장점으로 바꾸는, 발상의 전환을 잘 보여주고 있는 거예요. 그런데 놓쳐서는 안될 점이 있어요. 메리트로 바꿀 요소가 분명히 객관적으로 존재하고 있고, 디메리트는 사람의 심리적 요인 뿐이라는 거예요. 장점이 될 요소가 없다면 아무리 발상의 전환을 하고 혁신을 하고 그럴듯한 카피를 뽑아도, 그것은 안 되게 되어 있어요. '안될 놈'은 안 되게 되어 있는 거예요. 발상의 전환은 단순히 생각을 바꾸고 의지를 새롭게 하는 것이 아니에요. 발상의 전환은 사물을 냉철하게 분석하여 장점의 요소를 확인하고, 그것을 가장 앞세우는 거예요. 천연과즙 10%는 실제로는 장점이었던 것이죠. 그런 장점이 있었기 때문에 "흔들어 주세요."가 성공할 수 있었던 거예요.

20대부터 30대 중반까지 '청춘의 시기'가 바로 이런 거라고 생각해요. 커다란 장점을 갖고 있는데 정작 자기 자신은 모르고 있는 거. 인생의 어느 시기보다 열정과 패기로써 거침없는 하이킥을 날릴 수 있지만 불안하고 좌절하고 아파할 줄만 아는 거. 눈을 옆으로 돌리고 마음 한번 뒤집으면 발상의 전환이 그냥 가능하고, 그 장점을 바탕으로 불도저처럼 밀고

나갈 수 있는 시기라는 거.

이 시기에는 누구의 구속도 없어요. 오직 자기만이 구속할 수 있어요. 경제적 부담도 크지 않아요. 자기 혼자만 추스르면 돼요. 그리고 피어나는 꽃처럼 정신과 육체가 활짝 능동적인 상태에 있어요. 이런 장점을 전면화하면 당신의 몸은 행동으로 나아가게끔 되는 거예요.

당신의 몸을 어느 방향으로 움직일 것인지는 다른 사람의 의견을 확인하면서 결정하세요. 당신을 잘 알고 있는 다른 사람이 옆에서 객관적으로 제시하는 것에 귀 기울일 필요가 있어요. 당신보다 그 사람들이 당신을 더 잘 알고 있을지도 몰라요. 당신이 어떤 장점을 갖고 있고, 어떠한 특성이 있는지 말이에요. 당신이 모르고 있는 특성과 장점을 보고 있기 때문에 그들의 의견에 귀 기울일 필요가 있는 거예요. 내가 하고 싶은 것만 내세우지 마세요. 발상의 전환은 사물을 냉정히 분석하는 게 먼저예요. 그래서 자기 자신을 냉정하게 보세요.

인생 전환점에서 4~5년을 오기 부리지 마라

인생에서 다음 단계로 넘어가는 전환점이 몇 차례 있는 것 같아요. 대학 들어갈 때, 직장 생활이나 사회 생활을 처음 시작할 때, 30대 중반 이후 자기 사업을 하려고 할 때 등등 말이죠. 이런 과정에서 1~2년, 아니면 2~3년 정도 늦추어도 상관이 없어요. 그러나 4~5년 이상을 지연하면 문제가 생겨요. 다음 과정에서 삶이 촉박해지는 거예요.

2~3년 안에 변화의 계기가 만들어지지 않으면 그 분야를 포기하는

게 필요해요. 보통 2~3년 안에 성패가 결정되거든요. 4~5년씩 매달리는 것은 오기라고 생각해요. 최선을 다해 노력해야 하지만 최선책만 추구해서는 실패하기 십상이에요. 최선책이 아닌 차선책도 생각해두어야 해요. 안 되는 것은 역시 안 되더라구요.

2~3년의 늦춤에 비해서 4~5년의 오기는 인생에서 큰 격차를 가져오는 것 같아요. 2~3년은 어떤 분야에서 프로가 되는 시간이잖아요. 그리고 어떤 일에 도전했으면 마무리하고 검증하는 것이 필요하죠. 이렇게 결과를 확인하는 과정에서 일이 잘 풀려서 새로운 차원으로 도약할 수도 있고 만약 그렇지 못하다면 쿨하게 포기하고 다른 것을 모색하는 거예요. 사회 초년생활 시기에는 누구도 자기를 이끌어주는 사람이 없기 때문에 일단 결과를 내어 마무리해보는 것이 필요한 거죠. 그런데 되지 않는 일에 4~5년씩 붙잡고 있으면 스스로 움츠러들고, 사람 만나는 것도 피하게 되어, 기회 만들기가 더 어려워져요. 늦추는 것은 자기를 다독거리는 것이지만 오기를 부리는 것은 자기를 나락으로 밀어 넣는 거예요.

보통 3년이면 예측 가능한 시간이에요. 3년 동안 전개될 상황이 어떠할지 짐작할 수 있죠. 예측 가능한 범위 내에서 자신이 어떻게 행동할지 계획을 세울 수 있는 거예요. 그런데 3년이 넘어 버리면 그 이후의 상황을 예측하기가 쉽지 않아요. 4년이나 5년씩 어떤 일에 성과도 없이 매달린다면 이후 전개될 상황에 대처할 능력을 쌓을 수가 없는 거예요. 그래서 3년 정도 예측 가능한 범위 내에서 최선을 다해 애쓰면서, 그 이후 상황에도 대비하고 다른 선택의 길도 차분히 마련할 수 있는 거예요. 늦춰가면서 불확실한 미래를 대비할 수 있는 것이죠.

우리가 몰입했을 때 성과가 나오지 않으면 힘이 빠지고 일할 의욕이

사라지잖아요. 성과가 없더라도 의욕과 호기심으로 일할 의욕은 대략 3
년은 가는 것 같아요. '그래, 해보자' 라는 의욕과 몰입의 시간은 3년 정
도인 것이죠. 사람이 견딜 수 있고 참아 낼 수 있는 시간이 3년이라는 거
예요. 자기 자신뿐만 아니라 주위 사람도 그럴 거예요. 그래서 이 시간을
넘어 4년이나 5년씩 같은 일에 성과 없이 매달리는 것은 오기라고 보는
거예요. 안 되는 일을 쿨하게 버릴 줄 알 때, 우리 인생 시간표는 또 다른
것을 보여줄 거예요.

50년 후의 **사업계획서**를 매년 작성하는 다국적 기업들

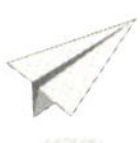

불확실성에 대비한 시나리오

우리나라에 들어와 있는 다국적 기업들이 매년 50년 후의 사업계획서를 쓴다고 처음 들었을 때, '헐, 뭘 그딴 짓을' 이렇게 생각했다가 '야, 대단하네' 라고 스스로 놀란 적이 있어요. 다국적 기업들은 세계 곳곳에서 기업 활동을 하잖아요. 그래서 전세계적으로 통일적으로 전개하는 글로벌 마케팅과 그 나라 실정에 맞는 로컬 마케팅을 병행하고 있지요. 50년 후의 사업계획서? 왜 쓸까? 어떻게 쓸까? 이게 궁금해지더라구요. 그래서 제가 상상해보았죠. 일반 기업의 부서에서는 매년 9월이나 10월에 다음 년 도 사업계획서를 쓸 거예요. 이 사업계획서는 구체적이고 실현 가능한 목 표와 방법을 담고 있을 거구요. 이에 반해 50년 후의 사업계획서는? 분명

대충 대충 쓸 거예요. 작년에 써 놓았던 50년 후 사업계획서를 소설 읽듯이 읽어보고, 낄낄대며 또 다시 소설 쓰듯 써 나갈 거예요. 똑같이 쓰면 안 되니까 새로운 것을 하나 또는 두 개 정도 더 첨가하겠죠. 눈을 감고 상상할 거예요. '50년 후라, 어떻게 될까? 어떤 일이 벌어질까?'

바로 이거예요. 50년 후의 사업계획서가 갖는 의미가 바로 이거더라구요. '쓸데없는 상상' 속에서 회사가 지금까지 한번도 경험하지 못한 상황이 거기에 담기게 되는 거예요. 그러한 상황에서 회사가 어떻게 대응하고 살아남을 수 있는가에 대한 중요한 아이디어가 담겨 있는 거예요. 매년 작성되는 50년 후의 사업계획서를 데이터베이스로 정리해 놓고, 회사로서 예기치 못한 상황이 발생했을 때 검색하여 거기서 기본적 대응방식을 찾아내는 거더라구요.

기업의 입장에서 제일 답답한 게 회사 밖에서 일어나는 일들이에요. 회사 안에서 일어나는 일들은 얼마든지 통제하고 방향을 잡을 수 있는데, 회사 밖에서 일어나는 일들은 회사가 통제할 수 없거든요. 회사는 다만 수동적으로 대응할 뿐이죠. 그래서 경영학에서 '환경'이라는 말은 회사 밖에서 일어나는 일들을 말하는 것이잖아요.

그런데 회사 밖에서 일어나는 일들이 예측을 뛰어넘거나 돌발적으로 발생할 경우, 회사로서는 대응하기가 쉽지 않죠. 우왕좌왕하는 사이에 회사는 커다란 손해를 볼 수 있어요. 이런 것들까지도 회사는 대비해야 하는 거예요. 세계 1등이나 2등을 다투는 다국적 기업이라면 이 정도의 대비는 있어야 하는 것이죠.

기업으로서 가장 곤혹스러운 불확실성은 이런 특징을 갖고 있어요. 먼저 예측 불가능성. 돌발적으로 어떤 일이 일어날지 알 수 없는 거예요. 그리고 일어났다 하면 예상할 수 없을 정도로 번져나가죠. 복잡한 상호작용 때문에 그렇죠. 그래서 그 사회적 결과는 매우 심각하게 나타나죠. 경제적으로 사회적으로 심각한 영향력을 미치지만, 그런데 회사로서는 여기에 대한 대응력이 너무 빈약하죠. 예측불가능성, 복잡한 상호작용, 심각한 영향력, 빈약한 대응력을 특징으로 하는 불확실성에, 기업은 대처할수 있는 시나리오를 갖고 싶어하는 거예요. 그것이 바로 '50년 후의 사업계획서'일 거예요.

15년, 20년 후를 예측할 수 있는 방법

기업 차원이 아니라 개인의 차원에서도 15년, 20년 후를 예측할 수 있는 방법이 없을까요? 만약 15년, 20년 후를 예측할 수 있는 방법이 있다면 당신이 인생 계획을 세우는데 큰 도움이 될 거예요. 이러저러한 방법이 있을 것이고 나름대로의 특징도 있을 거예요. 제가 말씀드리는 방법도 나름 의미가 있을 거라 생각해요. 많은 도움이 되면 좋겠네요. ^^

(1) 당신의 일이 앞으로 몇 년간 어떻게 진행될지 예측하라

당신이 지금 하고 있는 일에 대해서는 소상히 알고 있을 거예요. 그 일이 앞으로 어떻게 진행될까 곰곰이 생각해보면 구체적으로 몇 가지 흐름을 예상할 수 있을 거예요. 금년도 상황과 내년도 상황은 비교적 정확하게 예측할 수 있지요. 구체적인 통계 자료가 있으면 더욱 정확한 흐름을 예상할 수 있어요.

당신이 하고 있는 일과 관련된 여러 '환경적인 요소들', 예를 들면 소비자와 고객의 동향, 경쟁 업체의 동향, 경기 상황과 소득 수준의 변화, 회사의 실적과 예상되는 구조조정의 방향, 일하고 있는 부서의 인원 증가나 감축, 인사변동과 승진 여부 등등, 이런 것을 토대로 금년도나 내년도는 어떻게 흘러갈 것인가를 예상할 수 있을 거예요. 자신의 의지와 상관없이 정말 예측한 대로 그렇게 흘러갈 가능성이 큰 거죠.

그런데 3년 후, 4년 후의 상황을 생각해 보면 막연해져요. 금년도와 내년도는 좀 분명히 보이는데 3년이나 4년 후를 바라보면 갑자기 안개 속으로 빠져드는 것 같아요. 그래서 3년이나 4년 후를 좀 더 정확하게 예측하기 위해서 금년 상황이나 내년 상황을 좀 더 엄밀하게 파악해볼 필요가 있어요. 3년이나 4년 후의 상황도 금년이나 내년 상황의 연장선상에서 전개될 가능성이 크기 때문이죠. 그래서 금년이나 내년 상황을 직관적으로 파악했던 것들을 좀 더 분석적으로 파악해야 해요. '감'으로 정리했던 것들을 어떤 지표와 기준을 갖고 금년 상황과 내년 상황을 따져 보는 거예요. 여기에 기초해서 3년 후나 4년 후를 엄밀하게 예측해 보면 좀더 뚜렷이 보이는 게 있게 마련이죠. 마치 계량 경제학에서 몇 가지 변수를 집어넣어 경제 성장률이나 물가 상승률을 예측하는 것처럼 말이에요.

이렇게 금년 상황과 내년 상황을 분석적으로 파악하고 다시 3년 후나 4년 후를 예측하다 보면 몇 가지 상황이 자연스럽게 설정되고 거기에 대응할 방안도 나오게 되어 있어요. 바로 이게 불확실성에 대비한 시나리오 작성이에요. 개인도 불확실성에 대비할 수 있는 것이죠. 이렇게 3~4년 후를 예측해 보면, 지금 당신이 무엇을 준비해 나가야 하는지도 명확해지게 되죠. 미래의 불확실한 상황이 예상할 수 있는 범위 내에서 설정되기 때문에 당신은 그것을 넘어설 수 있는 거예요.

(2) 다시 3~4년 후의 미래 상황을 상상하라

지금부터 3~4년 후의 모습을 예측하고 다시 거기서부터 3~4년 후의 모습이니까 앞으로 7~8년 후의 모습일 거예요. 이때는 예측이 아니라 상상일 거예요. 대략 10년 후의 모습을 개인이 어떻게 예측할 수 있겠어요? 그것은 상상일 거예요. 그렇지만 그러한 상상이 당신의 삶에 어떤 시사점을 던져줄 수 있어요.

7~8년 후의 모습을 상상할 때는 우리 사회의 구조적 변화를 생각해 보는 것이 좋아요. 우리 사회의 구조적 변화를 가져올 요소를 생각해서 사회가 어떻게 변할까 상상해 보는 거예요. 7~8년이 지나고 나서 사회를 바라보면 구조적 변화가 뚜렷이 보이고 '어, 이렇게 변했어?' 하면서 놀라잖아요. 이 사회에서 계속 살아왔는데도 마치 외국에서 살다 온 사람처럼 말이죠. '응답하라 1994'에 나온 삐삐가 지금의 스마트폰으로 바뀔지 누가 상상이나 했겠어요?

우리 사회의 구조적 변화를 이끌 몇 가지 요소들이 있는 것 같아요. 정치적 변화는 우리 사회에 직접 영향을 주고 있는 요소예요. 정권이 바뀔 때마다 정책이 달라지기 때문에 사회 구조 변화에 직접 영향을 주고 있죠. 그리고 인구 구조의 변화도 마찬가지예요. 노령사회로 들어가면 우리 사회는 지금보다 많이 달라질 거예요. 그러면서 정보화 사회가 점점

고도화되는 것도 우리에게 큰 변화를 줄 거예요. 유비쿼터스 시대라는 말이 몇 년 전부터 유행했는데 그 다음의 시대는 무엇일까요? 그리고 남북관계의 변화도 우리사회에 큰 영향을 주는 요소이지요.

변화의 여러 요소를 고려하여 7~8년 후의 모습을 상상하더라도 당신이 대응 시나리오를 마련하는 게 쉽지 않아요. 현재 상황을 너무 앞서나가는 것은 실패할 가능성이 크고 다음에 올 사람에게 길만 마련하는 꼴이 될 수 있거든요. 그래서 반 발자국만 앞서가라고 그러잖아요. 그런데 그 반 발자국의 방향을 제대로 잡기 위해서 열 발자국 앞을 내다볼 수 있어야 해요. 7~8년 후의 모습을 상상하는 것은 당신이 반 발자국 앞서나가기 위해서 꼭 필요한 거예요.

(3) 15년, 20년 후 자신의 모습을 상상하라

15년, 20년 후의 사회 경제적 모습을 상상하기란 쉽지 않아요. 그만큼 미래를 바라보는 인간의 눈은 짧은 것 같아요. 그런데 15년 후, 20년 후의 자신의 모습을 인생 나잇대에 비추어 상상해 보는 것은 의외로 쉽죠. 지금 20대 중반이라면 40대 중반이나 50대 초반을 상상하는 것이고, 지금 30대라면 50대나 60대를 상상해 보는 거예요. 15년이나 20년이 지난 후 당신의 모습을 상상하기 쉬운 이유는 당신 주위의 사람들에게서 그 모습을 찾을 수 있기 때문이에요. 집안 식구일 수도 있고 친인척일 수도 있고 당신의 선배들일 수도 있어요. 그들이 살아가는 모습을 통해서 그 나잇대에 당신은 어떤 모습일까 생각해 낼 수 있는 거예요. 15년, 20년 후에 당신이 무엇을 하고 있을지, 자신의 모습이 어떠할지 구체적으로 상상해보세요.

15년, 20년 후의 당신 모습이 이제 상상이 되나요? ^^ 그런 모습에 기초하여 다시 사회경제적, 정치적 변화를 상상해보는 거예요. 그 나잇대에 사회경제적 현실은 어떤 모습을 하고 있을지 생각해보고 당신이 할 수 있는 일들을 어떻게 만들어 나갈까 모색해 보는 거예요. 이런 상상은 구체적인 것들이 부족하여 단순한 소망일 수 있어요. 하지만 현실을 고려하지 않는 그냥 주관적인 꿈도 아니예요. 당신의 마음을 콩닥콩닥 들뜨게 하고 무언가 하고 싶다는 생각으로 당신을 서성거리게 하죠. 그것들이 실현 가능성이 있다고 생각하면, 당신의 삶을 활력적으로 이끌 거예요. '꿈은 이루어진다'는 말을 저는 이렇게 이해하고 싶은 거예요. 당신이 하는 일을 몇 년간 예측하라, 그리고 다시 3~4년 후의 미래 상황을 상상하라, 나아가 15년 20년 후의 당신의 모습을 상상하라. 그러면 꿈은 이루어진다. ^^

가끔은 자기 충족적 **예언**이 필요하다

자기 충족적 예언을 빌려 노력을 두 배로 한다

상상

인간의 두뇌는 10%밖에 사용하지 못한다는 이야기를 들은 적이 있어요. 이 이야기를 들어본 적이 있으시죠? 천재였던 아인슈타인도 그렇다는 거예요. 가만, 그렇다면 인간의 두뇌 중 90%는 왜 있는 거죠? 이게 궁금해지네요. 뭔가 이유가 있을 게 분명한데?

또 이런 이야기도 들었어요. 생명체는 진화과정에서 자기 주위 환경에 적응해 나가잖아요. 이때 앞으로 닥칠 가까운 상황을 예견하고 대응한다는 거예요. 인간에게도 이런 능력이 있을까요? 인간이야말로 고등 생명체이니까 당연히 있지 않겠어요?

그래서 이런 상상을 해보았어요. 혹, 인간의 두뇌 90%는 지구상에서 살아왔던 모든 진화과정을 담고 있는 게 아닐까? 평소에는 발휘되지 않는 초인적 능력도 여기서부터 나오는 게 아닐까? 아하, 미래를 알고 싶은 마음에 이런 상상까지 해보네요. ^^

미래에 어떤 일이 일어난다고 누군가 예언을 하더라도 결코 그대로 이루어지지 않아요. 미래에 벌어질 일은 지금 당신이 어떤 선택을 하느냐에 따라 달라지거든요. 인간은 자유의지를 갖고 자신의 운명을 만들어가는 거예요.

우리가 자신의 미래를 알고 싶을 때가 있어요. 정말 삶이 힘들고 어려울 때죠. 미래에는 좋은 일이 있었으면 하고 간절히 바랄 때 자기 미래를 보고 싶어 하죠. 세상이 어지러울 때 유토피아를 꿈꾸는 것과 같은 이치예요. 앞으로 좋은 일이 있을 거라고 누군가로부터 암시를 받거나 조언을 받는다면, 그런 기대감이 자기에게 객관화하니까 현실을 이겨내고 더 열심히 노력할 수 있죠. 살아갈 이유가 생긴 거죠.

자신이 혼자서 하는 긍정적 다짐만으로는 불안한 거예요. "난 나를 믿어.", "할 수 있어, 아자아자 힘내자."라고 다짐하여도, 그것이 주관적이기 때문에 마음 한 구석에 의심이 들고 불안한 거죠. 그런데 "넌 잘할 수 있어.", "너의 이런저런 특성과 너를 둘러싼 환경이 이러저러하기 때문에 일이 잘 풀릴 거야."라고 객관적으로 제시한다면, 당사자는 그 말을 믿고 노력을 더 하게 되죠. 타인의 시선이 자신을 긍정적으로 볼 때 더욱 노력해서 타인이 원하는 바를 실현하는 것이죠. 자기 충족적 예언이 다른 사람의 입을 통해 내 귀로 들어올 때 사람은 두 배로 노력하는 거예요.

당신이 사랑하는 사람을 위해서 이렇게 자기 충족적 예언자 역할을 해 보세요. 부모라면 자식에게, 연인이라면 사랑하는 애인에게, 부부라면 평생 반려자인 당신 배우자에게, 친구라면 영원한 당신 친구에게, 상대방의 특성과 객관적 상황 근거를 들어서 이렇게 말해 주세요. "너라면 할 수 있어. 이러저러한 점이 몇 년 안에 그것을 할 수 있도록 해줄 거야."

자기 충족적 예언은 1년 후든 2년 후든 미래의 상황까지 일정 시간을 상정하기 때문에 늦춤의 효과를 가져와요. 즉, 자신을 늦추면서 노력은 더욱 열심히 하도록 해주죠. 정말 10번이고 20번이고 넘어졌다가도 다시 일어나 시도해야 예언된 그 일이 실현될 수 있어요. 그런 시련과 고통을 일정 시간 동안 가볍게 툭툭 털어버릴 수 있는 늦춤을 줄 수 있는 거예요.

그리고 자기 충족적 예언은 일정시간 동안 자신이 해야 할 목표가 명확하다는 장점도 있어요. 설사 목표가 달성되지 않아도 그러한 노력을 바탕으로 당신의 삶을 바꿔 갈 수 있는 거예요. 우리의 삶은 어려운 상황을 벗어날 여러 방안을 갖고 있나 봐요. "하늘이 무너져도 솟아날 구멍이 있다."고 하잖아요. 자기 충족적 예언자 역할을 하는 당신이 바로 그런 방안이 되는 거예요.

천리를 볼 때, **만리**를 볼 때

| 만리를 볼 때

'만리' 하니까 만리장성이 생각나죠? 그래요. 달에서도 보인다는 뻥이 생길 만큼 세계 7대 불가사의 중의 하나잖아요. 만리는 중국인들이 갖고 있는 공간 개념이죠. 만리라는 공간 감각에서 중국 사람들의 삶의 방식이 나오는 것 같아요.

만리는 거리상으로 보면 천리의 10배이죠. 그래서 만리를 볼 때는 천리를 볼 때보다 10배가 더 요구된다고 생각할 거예요. 그런데 이러한 사고방식은 천리라는 공간 범위에 살고 있는 우리들의 생각일 뿐이에요. 공간은 넓이 개념이기 때문에 10배를 더 곱해야 해요. 즉, 만리를 볼 때는 천리를 볼 때 보다 100배를 더 생각해야 해요. 100가지를 더 생각해 보아야 하는 거예요. 중국의 땅덩이는 한반도의 40배 정도가 된다고 하잖아요. 100배는 아니더라도 40배는 더 생각해야 하죠.

제가 지금까지 삼국지를 두 번 읽은 것 같은데, 제대로 읽어 내지 못했다고 생각하고 있어요. 만리라는 공간 개념을 생각하지 못하고, 우리 식으로 읽어 버린 거예요. 예를 들면 이런 거예요. 어느 성이 위험에 빠져서 함락될 상황에 몰린 거예요. 그러면 그 성에서 병사가 몰래 빠져 나와 다른 성에 가서 원군을 청하는 거예요. 그러자 지원군을 이끌고 와서 적을 격퇴하고 그 성을 구하는데, 이게 이틀이나 사흘 만에 이루어지는 것으로 착각하는 거예요. 마치 서울에서 수원으로 파발마를 보내 구원을 요청하면, 수원에서 군대를 이끌고 하루나 이틀 만에 서울로 올라와 적을 격퇴하는 것으로 상상하는 것이죠. 우리는 삼국지를 무의식적으로 이렇게 읽어 버리는 거예요.

그런데 절대 이렇지 않아요. 중국의 성들은 신의주-부산 정도의 거리에 있는 것이죠. 가까우면 서울-부산 정도의 거리이구요. 군대를 이끌고 성을 구원하러 가려면 최소한 한두 달은 걸리죠. 아무리 빨라야 보름 이상은 족히 걸릴 거예요. 그런데 우리는 이것을 하루 이틀 만에 샥 – 샥, 끝내버리는 것으로 이해하고 있잖아요. ^^

만리를 바라보는 사람들은 체질적으로 '만만디'할 수밖에 없을 거예요. 급박하게 서두르거나 안달복달하여도 일이 이루어지는 게 아니거든요. 하루 이틀 늦어진다고 일을 그르치는 것도 아니고, 하루 이틀 빨리 된다고 일이 성공하는 것도 아니에요. 그러니까 시간을 늦춰가면서 일을 해 나가는 게 몸에 배어 있는 것이죠. 만리라는 공간 개념에서 '만만디'라는 속도 개념이 나오는 거예요.

그런데 '만만디' 속에는 무서운 게 숨어 있어요. 늦춰가면서 일을 하다 보니까 이것저것 생각해 보고 여러 가지를 판단하는 거예요. 우리보다 100가지를 더 생각하는 게 습관화되어 있는 거예요. 성이 함락될 상황이라고 하더라도 한 달 두 달 버틸 힘이 있고, 그 기간 동안에 벌어질 상황에 대해 온갖 계략과 대책을 세우고 있는 것이죠. 일이 성사되어 마무리될 미래 시간까지, 일어날 수 있는 모든 경우의 수를 따져 본다고 생각하면 될 거예요. 중국을 '우리 식'으로 이해해서 안 될 이유가 여기에 있는 거예요.

중국을 이해하는데 빠질 수 없는 것이 '명분론'인데, 이것도 만리라는 공간 개념과 관련되는 것 같아요. 천하를 다스리는데 왜 명분이 필요할까요? 그리고 명분이 없는 싸움을 걸면 대부분 패배하는 이유가 무얼까요? 명분은 천하 사람들의 마음을 얻는 것과 관련이 있기 때문이에요. 사람들의 마음을 얻지 못하면 망할 수밖에 없는 것이죠.

생각해보세요. 만리나 되는 중국 곳곳에 영웅호걸들이 존재하고 있어요. 이들이 천하 사람들의 마음을 얻고 세력을 갖추게 되면, 언제라도 천하를 위협할 수 있는 것이죠. 이들이 움직이지 못하게 제압하려면 힘보다 먼저 도덕적 명분이 있어야 해요. 중국 왕조가 도덕적 명분을 잃어버리고 힘으로 통치하거나 천하 사람들을 수탈하게 되면, 나라가 혼란에 빠지고 여러 개의 나라로 쪼개지는 이유도 만리라는 공간적 특성과 관련되는 것이죠.

| 천리를 볼 때

2002년 월드컵 당시 히딩크 감독은 '체력축구'를 지향했어요. '한국 축구의 조직과 전술은 세계적이다. 문제는 체력이다.' 라고 히딩크 감독이 이야기한 거죠. 만약 히딩크 감독이 한국 대신 일본 축구 국가대표 감독을 맡아서 이런 전략을 말했다면, 일본에서는 받아들여졌을까요? 제 생각으로는 일본에서는 히딩크 감독을 짤랐을 거예요. 일본은 아예 '체력 문제에서는 유럽을 따라갈 수 없다.' 라고 못 박아버리고, 그 대안으로 칼 패스를 하는 '조직축구'를 목표로 했거든요. 이게 일본과 한국의 차이점일 거예요.

한국은 세계적 흐름을 빠르게 받아들이는 특징이 있어요. '빠름'을 특징으로 하죠. 히딩크 감독이 내세우는 압박 축구의 전술이나 선수 훈련 방식 등은 당시 최첨단이었죠. 그런 흐름을 받아들여 자신의 것으로 만들어 나가는 것은 한국의 주특기라 할 수 있어요. 산업화 시대 최고였던 일본 전자 산업의 기업들을 제치고, 정보화 시대에 한국의 전자 산업 기업들이 최고로 나설 수 있었던 것도 '빠름'에 있었다고 생각해요.

천리를 바라볼 때 '빠름'을 추구할 수밖에 없는 이유는 천리의 중심을 누가 빠르게 장악하느냐가 관건이 되기 때문이에요. 여기에다 우리 민족의 유목적 떠돌이 기질도 가세하고 있잖아요. 주변 상황에 빠르게 적응하는 것이 생존에 필수적이죠.

천리를 바라보는 사람의 또 다른 특징은 '자유분방함'에 있는 것 같아요. 누가 천리의 중심을 차지하더라도 그 권위를 쉽게 인정하지 않아요.

왜냐하면 자신도 조금 노력하면 그 중심을 차지할 수 있을 것 같거든요. 그래서 몇몇 그룹이 계속 경쟁하고 대립하면서 일들이 진행되는 것이 보통이에요. 여기에서 자유분방함이 나오는 것 같은데, 자유분방함은 문화에서는 어떤 틀에서 벗어난 파격이나 변화로 나타는 것 같아요. 우리처럼 변화를 좋아하는 사람들이 있을까요. ^^

천리와 만리를 동시에 볼 때

공간과 울림

> 박진영 : 이게 JYP와 YG의 차이점이에요. JYP는 소울적이고 YG는 힙합적이에요.
>
> 양현석 : (고개를 끄덕이며 말 없이 동의하고 있다.)

2014년 K-POP Star3에서 나온 실제 방송 장면이에요. 이 장면은 캐스팅 오디션 방영분에서 나왔을 거예요. '소울적이고 힙합적이라. 그리고 이게 JYP와 YG의 차이점이라. 그런데 이게 뭔 말이지?' K-POP Star3를 열심히 보고 있는 시청자의 한 사람으로서 궁금해지더라구요. 그래서 찾아보고, 생각해 보았죠.

소울은 리듬앤블루스^{R&B}와 가스펠송이 결합하여 나온 흑인 음악인데, 진한 감성을 울리는 음악이더라구요. 힙합은 흑인의 길거리 문화에서 나온 음악인데, 브레이크 댄스와 레코드를 앞뒤로 돌리는 경쾌한 리듬과 중얼중얼거리는 랩을 포함하는, 자유롭고 개성적인 음악을 말하구요. 아하, 그래서 알아차렸죠. 왜 YG는 돈을 많이 벌고, 왜 JYP는 사람들 귀에 남는 음악을 하고 있는지 말이에요. ^.^

울림은 공간에서 발생하여, 공간을 타고 번져 나가죠. 그런데 사람의 울림은 그냥 물리적 울림이 아니잖아요. 사람의 마음을 울리는 거잖아요. 박진영이 말하는 소울적이라는 의미는 바로 이런 거더라구요. JYP는 사람의 감정을 울리는 음악을 우선적으로 추구한다는 거죠.

그런데 울림은 공간이 존재하지 않으면 가능하지 않아요. 그러니까 울림의 전제 조건인 공간을 장악하지 않으면 울림 자체가 존재하지 않는 거예요. 힙합이라는 음악은 무엇보다 먼저 공간을 장악하는 음악인 거예요. 길거리에서 신나게 놀기 위해서 브레이크 댄스도 추고, 랩도 흥얼거리고 하면서 그 공간을 완전히 휘어잡는 거예요. 힙합이라는 음악은 무대 위에서 벌어지는 실시간 공연 음악과 아주 궁합이 잘 맞는 것이죠. 수만 명의 관중을 모아 놓고 제대로 놀 수 있는 음악인 것이죠. 즉흥적이고 개성적인 노래들이 춤과 랩을 통해서 공간 자체를 장악하는 거예요. YG는 이런 음악을 추구한다는 거예요. 당연히 누가 더 많이 돈을 벌겠어요? 바로 YG죠. ^.^

K-POP Star3 콜라보레이션 오디션에서 극찬을 받은 팀이 있죠. '짜리몽땅'의 여학생 3명과 오스트리아 청년인 피터한이 결합한, '이분의 일' 팀이에요. 박진영의 히트곡인 '날 떠지마'를 편곡해 불러서 심사위원 3사람 모두에게서 최고의 칭찬을 받았죠. 특히 박진영은 입이 다물어지지 않을 정도로 칭찬을 했는데, 제가 볼 때는 박진영에게 없는 부분 (아니면 박진영

이 추구하는 부분)을 실현했기 때문이 아닐까 생각했어요. 바로 '귀에 남는 음악을 통해 공간을 장악하는 것!' 박진영은 음악 공부의 필요성을 강조하고, 정교한 화성을 높이 샀지만, 결국 그것들이 무대 공간에 대한 완벽한 장악으로 실현되어 나왔기 때문에 칭찬받을 수 있었던 거잖아요.

'짜리몽땅'은 캐스팅 오디션 때 YG로 캐스팅되는데, 양현석의 이들에 대한 심사평에서 YG의 '공간 지향적 관점'을 분명히 확인할 수 있어요. '세 사람 중에서 누가 리드보컬이냐? 그게 없지 않느냐? YG에서 그것을 만들어보겠다'라고 했거든요. 아무리 정교하고 세련된 화성을 만들어내도, 그게 공간을 장악하고 있느냐 라고 묻고 있는 거예요.

2013년 8월 엠넷 엠카운트다운 LA 공연 실황을 보면, 지드래곤의 무대 장악력이 얼마나 대단한가를 알 수 있어요. 그 자리에 있는 미국 본토 가수들이 2류이었는지 모르겠지만, 이들이 전혀 따라올 수 없더라구요. 본인의 능력과 자질이 뒷받침되었기 때문일 거예요. 하지만 YG에서 훈련하고 체득한 것도 크게 작용하였겠죠. 그래서 2013년에 지드래곤이 세계적으로 떴잖아요.

그런데, 그런데 말이에요. (제가 이런 말을 하니까 마치 K-POP Star3 심사위원들이 심사평을 잘 해주다가, '그-런-데'라고 하는 말 같네요. ^^) 공간은 장악하고 있는데, 사람들 마음을 울리고 있느냐는 거예요. 무대 위에서 실컷 놀 때는 놀더라도 '귀에 남는 음악'으로 사람들의 마음을 울리는 게 있어야 하잖아요. 언제까지 10대 취향에 맞추어 '내뱉기'만 할 거냐 이거예요. 아이돌 가수도 30대 되고 40대 되는데, 음악 시장에 10대만 있는 것이 아니고 20대 30대 40대도 있는데…… 제 이야기는 미국 팝 음악 시장을 말하는 거예요. YG가 '귀에 남는 음악'으로 무대를 장악한다면 참 무서울 것 같아요. 미국 팝 음악 시장에서 말이에요. ^^

가수 싸이PSY의 '챔피언'이라는 노래는 '귀에 남는 음악'으로 무대를 장악할 수 있는 노래라고 저는 생각해요. 뭔가 울리는 게 있잖아요. 싸이의 '강남스타일'이 세계적으로 돌풍을 일으키게 된 것도 나름 이런 이유가 있다고 저는 생각하고 있어요. 아쉬운 점은 후속곡인 '젠틀맨' 뮤직 비디오가, 감동과 전혀 반대인 '혐오'로 나갔다는 점이에요. '강남스타일'이 갖고 있었던 해학적이고 풍자적인 것들이 다 사라져버리고, 사람들이 두 번 다시 보지 않는 뮤직 비디오가 된 것이죠.

'공간과 울림' 사이의 변증법적이고 모순된 관계를 잘 이해하여, 이것을 종합하지 않으면 K-POP은 어느 순간 정체될지 모른다고 생각해요. '귀에 남는 음악'으로 공간을 장악하든, 장악한 공간에 '귀에 남는 음악'을 첨가하든, K-POP은 한 단계 올라가야 할 거예요. 그래서 대중 음악 종사자들에게도 인문학이 필요한 거예요. 사람의 마음을 울리는 게 인문학인데, 이것을 무시하고 어찌 음악을 할 수 있겠어요? 그런 점에서 유희열의 충고가 귀에 들어오네요. 나이 어린 오디션 참가자들에게, '책도 읽고 그래야 해.' 라고 말하는 거예요. 기능인이 되어서는 안 된다는 말이죠. 어찌 음악 분야에만 해당되겠어요? 천리와 만리를 동시에 봐야 할 세계화와 정보화 시대에는 어떤 분야도 '공간과 울림' 사이를 깊이 천착하지 않고서는 일류가 될 수 없는 거예요.

심연을 바라보는
고래의 눈

부정적 현실에서 긍정적 요소를 찾아내는 힘

'심연을 바라보는 고래의 눈'은 중국 문학가 루쉰을 연구하는 어느 외국인이 사용한 말이에요. 수백m, 수천m 아래 바다 밑을 쏘아 보는 고래의 눈! 시대의 문제를 온 몸으로 받아들여 헤쳐 나가는 루쉰의 모습을 고래에 비유한 거죠. 그러고 보니 날카롭게 노려보는 고래의 눈과 루쉰의 눈은 서로 닮은 것 같네요. ^^

루쉰은 현실에서 '물러나지도 않았고 추종하지도 않았다'고 해요. (『루쉰』, 다케우치 요시미 저, 문학과지성사) '강인한 생활자'로 대응했다는 거예요. '강인한 생활자'는 부정적 현실에서 긍정적 요소를 찾아내는 힘을 갖고 있나 봐요. 루쉰 하면 『아Q정전』이 떠오르는데, 아Q의 '정신 승리법'에서도 루쉰은 이런 모습을 찾아내는 것 같거든요.

이 장면에서 마치 루쉰은 잠자고 있는 아Q에게 이렇게 말하는 것 같아요. '아Q야! 잠들지 마라, 잠들어서는 안 된다, 언제 일어날래?' 라고 현실의 절박성을 말하는 것 같아요. 그러면서도 다른 한편으로는 '깨어난다, 깨어날 것이다'라는 낙관도 아울러 암시하는 것 같아요. '정신 승리법'의 본질은 기다림에 있는 양, 부정적인 것을 그냥 부정만 하고 있지 않은 거예요.

지금 2014년 우리 시대는 뭐니뭐니해도 먹고 사는 문제가 가장 긴급한 것 같아요. 15년이나 20년이 지난 다음에, '응답하라 2014'를 제작한다면, 먹고 사는 문제를 해결하는 '강인한 생활자'의 모습을 그려내지 않을까요?

1인당 GNP가 2만 달러를 넘어 3만 달러로 간다고 하지만, 이게 피부로 느껴지지 않고 공허하게 들려요. 4인 가족 기준으로 연 1억 원 정도의 수입을 올린다는 얘긴데 이러한 가구가 얼마나 될까요? 다수의 사람들이 살기 힘든 현실을 해결하기 위해 온갖 노력을 다해야 할 거예요. 경제적인 영역에서 해결되지 않는다면 정치적인 영역까지도 여기에 집중할 수밖에 없을 거구요. 그래서 지금의 시대정신을 저는 '생정불이生政不二'라고 말하고 싶어요. '생활과 정치는 둘이 아니다.' 현실의 부정적 모습을 넘어서려는 '강인한 생활자'의 태도는 '생정불이生政不二'의 모습을 취할 수밖에 없을 거예요.

│ 너의 청춘 비망록

'지식 소매상'으로 되돌아온 유시민씨가, 전에 정치계에 몸 담기 직전 자신의 심정을 밝힌 글을 읽은 적이 있어요. '삶의 앞길이 내다보이는데, 그것을 포기하고 새로운 길을 가려고 하니 각오가 새롭다.' 대략 이런 내용이었어요. 이 글에서 저의 마음에 새겨졌던 글귀가 바로 '삶의 앞길이 내다보인다'는 거였어요. 나이 50을 바라볼 즈음 자신의 삶의 길이 보인다는 것! 저는 이 말에서, 불꽃 같았던 청춘 시절 20년 정도 보내고, 인생의 오후인지 인생의 석양인지 경계를 지우기 어려운 시점에, 심연을 바라보았던 고래의 눈으로 온몸으로 세상을 받아들이고 쌓아 놓았던 것들을 다시 한 번 활활 불태울 수 있으리라 생각한 거죠. 삶의 마지막 남은 부분이 보인다는 거, 쉽게 나올 수 있는 말이 아니라고 느꼈던 거예요.

7080 세대는 먹고 사는 문제에 대한 강박관념이 없었어요. 자라날 때 욕망 수준도 높지 않았고, 그런 수준의 욕망을 충족시켜 줄 일자리는 많이 생겨나는 시기였기 때문이죠. 먹고 사는 문제보다는 오히려 어떻게 해

야 올바르게 사는가라는 문제의식이 강했던 거예요. 교육받은 내용과 사회 현실이 다르다는 것에 충격을 받고, 사람들을 억압하는 사회 현실에 분노하면서 진실을 추구하다보니, '누가 올바르게 살았는가'를 역사 속에서 찾게 되더라구요. 그래서 7080 세대는 '역사'라는 단어와 떼어 놓을 수 없다고 생각해요.

지금의 청춘 세대에게 묻고 싶어요. 당장 대답할 수 없는 문제일 거예요. 15년이나 20년 쯤 지난 다음에 대답할 수 있을까요? '당신들은 청춘 시기에 무엇을 보았는가?' 1930년대 소설가 이상이 '미쓰꼬시 옥상'에서 던진 질문으로 바꾸면 이렇게 될 거예요. 당신들의 '인생 제목'은 무엇인가? 청춘 시기를 거쳐 새겨질 비망록이 무엇인지 질문을 던지면서, 모든 청춘들을 위해 시를 바치려고 해요. 현재의 청춘과 미래의 청춘, 그리고 과거의 모든 청춘을 위해 '너의 청춘 비망록' 이라는 저의 시를 바치렵니다. 위하여! 청춘을 위하여!

너의 청춘 비망록

한지처럼 누릇누릇 담백이 배나도록 뛰놀았던 산등성 곳곳
바위 틈 비스듬히 기대앉으면 하늘이 양팔을 안아 받쳐주고 두 손을 꼬
옥 오무려 줄려
새총 노란 고무줄 팽팽히 당겨 한 눈에 힘을 주고 연신 미래를 날린 건
벌떡 일어나 무릎을 굽히고 허리를 구부려 이 땅을 두 어깨에 짊어지런
예행 연습이었다

옛 친구 구겨진 얼굴에 도시의 광택은 반짝반짝 빛나고

뿌옇게 피어오르는 최루 같은 안개 거리 헤집고 다녀도

핏발 선 눈동자에 스미도록 의문이 두 눈을 찔러 들어오는 건

고층 빌딩 신축 공사장 벽돌 지고 오르내리는 짓눌린 삶의 어깨였다

날선 글자 속에 처연함을 모두 담는 대문호도

어린 손자 엉덩이를 등어깨 밑으로 깍지 쥐고 받치어 들고

하염없이 멀리 바라보는 그곳엔

콸콸 할퀴고 흘러 내려 드러난 흙돌뿌리 마음뿌리 어루고 다지고 하늘
꽃 보고 지고

하늘 보려 꽃 보려 머금은 미소로 바라보련 순간

넋이 날아가고 혼별이 사방에 흩뿌려져도

머금은 그 미소로 다시 하늘 생각하고 꽃 찾는 당신

앞에 엎드려 빌고 빌저

가슴에 담아두고 마음에 새기고픈 말

1. 인연

- 인연에는 사람과의 인연도 있지만, 때와의 인연도 있다. 사람과의 인연이 자신의 진정성에 의해 이루어진다면, 때와의 인연은 대중과의 계속적인 소통에 의해서 이루어진다. 진정성을 갖고 소통하고 소통하라. 그러면 때와의 인연이 무르익어 그 때가 펼쳐질 순간이 다가올 것이다.

- 인간은 선택을 통해 자신의 운명과 마주친다. 선택의 순간에 기회비용을 따지지 말고 자신의 운명을 생각하라. 또한 선택은 결별을 동반한다. 외유내강의 사람은, 마음속으로는 결별을 하지만 밖으로는 아름다운 인간관계를 만들어가는 사람이다.

- 겸손은 단순히 자신을 낮추는 것이 아니라, 세상살이의 복잡함을 자신에게 끌어당기고 그것의 의미를 알아차리는 것이다. 그래서 인연을 소중히 하는 사람은 세상살이의 복잡함을 이해하고 있는 겸손한 사람이다.

2. 도전

- 상대방에 대해 진정성 없이 손익관계로만 접근하면, 그 거래는 실패하기 십상이다. 그래서 등가 교환의 경제적 사고방식은 거래를 실패로 이끌 가능성이 높다. 돈은 물건에서 나오는 것이 아니라 사람과의 관계에서 나온다는 것을 명심하라.

- 운명이 인간 유형을 바꾸기도 하지만, 스스로 인간 유형을 바꾸려고 함으로써 새로운 운명을 만날 수도 있다. 인간 유형을 바꾸기 위해서는 지금까지와는 다른 태도로 임할 수밖에 없고 또한 새로운 상황에서 일을 만들어 나가야 하는데, 그러다 보면 또 다른 가능성들이 생기고 또 다른 기회들이 나타나는 것이다.

- 성실은 도전의 가장 큰 무기이다. 성실이라는 미덕은 자신의 양심에 비추어 한 점 부끄러움도 없으려는 태도에서 나온다. 성실로 인정받는 것은 능력으로 인정받는 것보다 한 수 위에 있다. 왜냐하면 성실한 사람은 자신의 능력도 열심히 연마하기 때문이다.

3. 창의

- 음식이 숙성되어야 제대로 맛을 내는 것처럼, 사람의 머리도 숙성의 시간이 있어야 좋은 아이디어를 만들어 낸다. 상상은 무엇인가를 기반으로 하여 이루어진다. 그래서 상상력의 기반이 되는 지식과 사고력 정도에 따라 상상력의 수준은 달라진다.

- 독서를 하면, 자신이 원하지 않아도 공짜 이득을 얻게 된다. 세상에서 가장 값싼 것이 나를 가장 값비싸게 만드는 것이다. 창의적인 것은 나를 뜨게 하거나, 아니면 평생 젊게 살게 한다. 그러니 독서를 할 수밖에.

- 남들이 보지 못한 것들을 찾아내고 거기에 접근할 수 있는 방법까지 마련하는 것이 통찰력이다. 즉, 세상이 어떻게 변하고 얼마나 변할 것인지 생각해보고, 그런 변화 속에서 사람들에게 가치 있는 것을 찾아내는 것이다. 그런 것을 볼 수 있다면 또 그런 것을 찾아낼 수 있다면 어떤 기회가 당신에게 다가올 것이다. 기회는 두 눈을 부릅뜨고 세상의 물줄기를 바라볼 때 오는 것이다. 독서는 세상 물줄기 속을 꿰뚫고 밑바닥까지 살펴볼 수 있는 힘을 주는 것이다.

- 사람의 마음을 움직이는 데도 일정한 순서와 절차가 있다. 그래서 기획 과정은 사람의 인지 과정과 마음 구조와 관련을 맺어야 한다. 이것은 마케팅 불변의 법칙, 즉 '상대방으로부터 출발하라. 그리고나서 자신의 것을 상대방과 관련시켜라.' 라는 명제와 밀접히 관련을 맺고 있다.

4. 분노

- 분노가 휘감아 돌면서, 나를 물불 안 가리는 절대지존으로 만들 때, 그런 감정적 상태를 일단 감성적 상태로 바꾸어 놓아야 한다. 화가 치미는 순간에 그 자리를 떠라. 그러면 분노라는 감정 대신에 냉정이라는 감성이 마음에 들어와, 문제를 차분하게 바라볼 수 있게 해준다.

- 우리네 인생은, 돈의 값어치가 아니라 삶의 값어치로 따져야 하지 않을까? 그래서 우리는 모든 일에 진지하고 치열하게 접근해야 한다.

- 아이는 부모의 늙어가는 모습을 기억하는 반면, 부모는 아이의 어렸을 적 모습을 기억에 담아둔다. 모름지기 부모는 눈에 넣어도 아프지 않은 아이의 모습을 떠올리며 가족에 대한 자신의 약속을 잊어서는 안 된다.

5. 늦춤

- 사회에서의 노력은 자기와의 싸움이 아니라, 자기를 둘러싼 사회적 환경과의 싸움이다. 사회적 환경을 자신에게 유리하게 만들기 위해서, 자기를 늦추고 꾸준히 대응해야 한다는 점이 학창 시절 공부와 다른 점이다.

- 발상의 전환은 사물을 냉정하게 분석하여, 장점의 요소를 확인하고 그것을 가장 앞세우는 것이다. 장점의 요소가 없다면 아무리 생각을 바꾸고 혁신을 하여도, 그것은 안 되게 되어 있다.

- 당신이 지금 하고 있는 일을 몇 년간 예측하라. 그리고 그로부터 다시 3~4 년 후의 미래 상황을 상상하라. 나아가 15년 20년 후의 당신 모습을 상상하라. 그러면 꿈은 이루어진다.

- 자기 충족적 예언이 다른 사람의 입을 통해 나의 귀로 들어오면, 자신을 긍정적으로 보는 타인의 시선에 부응하기 위해 사람은 2배로 노력한다. 그래서 사랑하는 사람을 위해서 당신은 자기 충족적 예언자 역할을 해야 한다.

- 불꽃 같은 청춘의 시절을 20년 보내고, 인생의 오후인지 석양인지 분간하기 어려운 시점에, 심연을 바라보는 고래의 눈으로 세상을 바라보면서 자신의 온몸에 쌓아두었던 것을 다시 한번 활활 불태우려고 한다면, 당신은 삶의 나머지 앞길을 내다보고 있는 것이다.

이제 인생의 기회에 눈떠라

1판 1쇄 발행 2014년 4월 1일

지은이 **유재완**
펴낸이 **이재성**
기획편집 **김민희**
디자인 **윤대한**
마케팅 **이상준**

펴낸곳 **북아이콘**
등 록 제313-2012-88호
주 소 150-038 서울시 영등포구 영신로 220 KnK디지털타워 1102호
전 화 (02)309-9597(편집)
팩 스 (02)6008-6165
메 일 bookicon99@naver.com

ⓒ 유재완, 2014
ISBN 978-89-98160-06-7 13320